新中国贵州少数民族体育政策研究

刘洪涛　著

湘潭大学出版社
XIANGTAN UNIVERSITY PRESS

图书在版编目（CIP）数据

新中国贵州少数民族体育政策研究 / 刘洪涛著. --
湘潭 : 湘潭大学出版社, 2023.1
ISBN 978-7-5687-0982-8

Ⅰ. ①新… Ⅱ. ①刘… Ⅲ. ①少数民族－民族形式体育－体育产业－产业政策－研究－贵州 Ⅳ. ①G852.9

中国版本图书馆 CIP 数据核字（2022）第 255018 号

新中国贵州少数民族体育政策研究

XINZHONGGUO GUIZHOU SHAOSHU MINZU TIYU ZHENGCE YANJIU

刘洪涛 著

责任编辑： 丁立松
封面设计： 张丽莉
出版发行： 湘潭大学出版社
社　　址： 湖南省湘潭大学工程训练大楼
电　　话： 0731-58298960 0731-58298966（传真）
邮　　编： 411105
网　　址： http://press.xtu.edu.cn/
印　　刷： 长沙创峰印务有限公司
经　　销： 湖南省新华书店
开　　本： 880 mm×1230 mm 1/32
印　　张： 6.125
字　　数： 200 千字
版　　次： 2023 年 1 月第 1 版
印　　次： 2023 年 1 月第 1 次印刷
书　　号： ISBN 978-7-5687-0982-8
定　　价： 58.80 元

本书获国家社科基金项目(20BTY064)、铜仁学院博士基金项目(trxyDH1817)、铜仁学院2021年硕士点建设及学科建设研究项目(Trxyxwdxm-091)资助

内容概要

21世纪以来,面临世界局势千年未有之大变局,中国进入了最接近民族伟大复兴中国梦的新时代,中国之政治、经济和文化诸方面建设全方位发展,其宏壮成就耀古烁今,社会主义现代化中国的迅猛崛起已经成为无法阻挡的历史趋势。文化的兴盛是一个国家强盛的坚强支撑。中华民族的文化丰富多彩,根基深厚,历史悠久。在党的十九届五中全会上首次鲜明提出文化强国建设的时间节点和路线规划图,即实现2035年全面建成社会主义文化强国的伟大目标。当前中国正走在社会主义文化强国建设的伟大征程上。

为了积极响应国家的文化强国建设战略,在贵州省的2035发展远景规划之中,明确提出继承弘扬优秀民族传统文化,促进文化大发展大繁荣,建设民族文化特色强省的宏伟战略。在文化强省建设的背景下,贵州省政府结合本民族体育实际,明确了山地特色民族体育强省建设的体育发展战略,并细化到2022年、2035年和2050年三个时间节点的具体任务,标志着贵州省山地民族特色体育强省战略政策的初步成熟和完善。文化传承着历史、映照着现实、牵引着未来。贵州少数民族体育文化是贵州省山地民族特色体育强省战略不可或缺的重要组成部分,面对贵州省的体育发展重大战略,少数民族体育文化在迎来了重大的发展契机的同时，也面临着严峻的考验。当前，贵州少数民族体育文化的保护和传承工作虽然取得了显著成就，但也存在不少亟待解决的政策问题，因此，加强贵州少数民族传统体育文化政策研究，是贵州体育和文化发展战略的内在要求，是时代所需，形势所迫。

本课题研究成果分为三个主要部分：

首先一个部分是绪论。绪论部分包括研究课题的时代背景、贵州民族体育文化政策相关的研究文献综述，继而提出贵州民族体育文化政策研究的理论意义及其在实践中的价值，接着说明了本研究的两大理论基础，界定了少数民族文化、体育文化、少数民族体育、少数民族体育文化政策等核心概念，然后对本课题研究所采用的研究方法进行说明，并对研究的创新进行了阐释。

其次一个部分是本课题研究的主体部分，主要是第三章、第四章、第五章、第六章和第七章，共五个章节。

第三章对贵州少数民族文化和体育文化概况进行了简要的介绍，主要说明了贵州的少数民族体育文化资源情况、呈现出来的特征及其当代社会意义。

第四章对贵州少数民族体育文化政策进行了全面梳理。研究将少数民族体育文化政策分为国家级政策、贵州省级政策和贵州省级以下基层政策三个层面，在政策类型上分为民族政策中的少数民族体育保护政策、非物质文化遗产中的少数民族体育文化政策、体育政策中的少数民族体育文化政策以及专门性的少数民族体育文化政策和措施。专门性的少数民族体育文化政策和措施中主要有民族体育文化进校园政策、参与和举办少数民族体育运动会的政策以及少数民族传统体育基地方面的政策等。

第五章主要从贵州少数民族体育文化政策的基本要素、主要特征、主要成就、历史经验和主要问题五个方面对贵州少数民族体育文化政策的现状进行分析。贵州少数民族体育文化政策基本要素包括政策主体、政策客体和政策环境。在政策特征上，主要是政策地位偏低、专门的独立性政策偏少、政策变迁模式以强制性变迁为主，政策决策模式属于精英决策。在政策成就总结上，从政策本身的质量和数量、非物质文化遗产保护取得的成就、少数民族体育的保护模式、少数民族传统体育基地建设、少数民族传统体育所取得竞技成绩以及少数民族体育教育等方面总结了贵州少数民族体育文化政策所取得的重大成就。在政策经验的归纳上，主要是坚持党对少数民族体育政策的领导、坚持政策的人民性、坚定少数民族体育文化自信、坚持从实际出发和坚持政策的与时俱进。在对主要政策问题的揭示上，指出贵州少数民族体育文化的调查研究不够及时充分的问题之后，从政策体系、政策过程和政策运行三个方面分别揭示出其中存在的问题，并指出了政策群中存在的诸如少数民族体育文化进校园政策不完善，少数民族体育文化人才政策亟待充实，少数民族传统体育“非遗”保护政策成效不突出，少数民族传统体育训练基地建设效果受到限制等一系列具体问题，在此基础上，针对各项问题一一对应地分析了其背后的原因，为提出解决问题之策打下了基础。

第六章为国内外体育政策的经验及其对贵州少数民族体育政策发展的启示。就国内方面而言，主要对浙江、上海和深圳等体育强省(市)的体育政策经验进行梳理。就国外方面而言,主要对英、美等发达国家体育政策的决策、执行和评估经验进行提炼。基于国内外的体育政策经验,提出对我国贵州少数民族体育政策建设的有益启示。

第七章为完善贵州少数民族体育文化政策的整体思路与具体策略。第一指出了贵州在新时代民族体育文化发展面临的重大机遇和严峻挑战。第二阐述了贵州少数民族体育政策建设的理论指导、思想借鉴和发展方向定位。第三指出少数民族体育文化政策建设应该坚持人民性、导向性、整体性、协调性、实践性、本真性和球土性七项主要基本原则。第四是贵州少数民族体育文化政策建设的整体策略。指出要加强对少数民族体育文化政策的调查与研究,优化政策体系的内容与结构,从决策、执行和评估三个环节提出解决少数民族体育政策过程中的问题策略,从政策变通、政策履责与机构联动并举到政策宣传与人才发展构筑政策施行之基三方面提出破解少数民族体育政策运行中的难题的整体策略。第五是从充分利用贵州少数民族体育保护平台、注重举办基层少数民族传统体育运动会、完善贵州少数民族体育文化进校园政策、进一步增强少数民族传统体育政策执行效果、进一步重视并加强少数民族传统体育训练基地建设等方面提出了贵州少数民族体育文化政策建设的具体策略。

最后一个部分为结束语,即第八章。这一部分对整个研究内容进行了简要的总结,概括了研究的主要内容,展望了贵州少数民族体育政策未来的发展方向,指出了研究中存在的不足,为今后进一步研究指明了方向。

目　录

一、贵州少数民族体育政策研究论题的浮现

(一)时代背景

21 世纪以来的前 20 年,世界局势急剧发生变幻,世界政治、经济、文化、科技所受影响之深远,历世未见,各个国家之间的全面竞争更加激烈。当前,中国的政治、经济、文化、社会、生态文明以及党的建设全面辉煌,国际地位和国际影响力举足轻重,综合国力和创新能力持续增强。现代社会主义中国的迅速崛起已经成为任何势力无法逆转的大势,中国特色社会主义正进入最接近实现中华民族伟大复兴的新时代。这是我国道路自信、理论自信、制度自信、文化自信不断增强、走向成熟的伟大时代,是我国大步迈向中国特色社会主义现代化强国的伟大时代。

中华民族是全世界唯一拥有不间断上下五千年灿烂文明历史的国家,具有悠久而厚重的传统文化和稳定的文化价值追求,并在漫长的历史发展过程中形成了稳定的文化价值模式,维系着中华文明。其优秀文化是华夏子孙生息延续、克难攻坚、勠力奋进、日益强盛的滋养之源。中华优秀传统文化滋养出汉唐盛世,傲视世界;中华民族传统道德造就了千年的礼仪之邦。几千年的历史发展长河中,中华文化几乎一直领先于世界各国,引领着世界的发展,创造了无数令西方望而却步的奇迹。然而,近代

衰落的中国，在西方列强给中华民族带来无尽的屈辱与苦难中，中华民族传统文化无力于拯救中国，其文化弱点充分暴露出来，其精华在当时的社会环境中亦无法发扬光大。近代中国的五四运动和新文化运动以“民主”和“科学”为旗帜，对中国的传统文化进行了无情而彻底的批判，虽然有些过激，但的确起到了唤醒民众的启蒙作用，具有伟大的时代进步意义。在这场激烈的思想文化启蒙运动中，绝大多数人难以认识到传统文化的重要价值，彻底否定传统文化，导致许多中华民族的优秀传统文化被遮蔽、被阉割，甚至被完全抛弃。历经百余年屈辱与苦难的锤炼，1949 年 10 月 1 日世界的东方响起一声惊雷，中华民族终于再次建立起一个伟大的社会主义国家——中华人民共和国。经过 70 余年的发展，我国历经站起来和富起来两大历史阶段，正信心满满地向强起来的历史新阶段大步前进。在当前这样一个中西文化交汇碰撞的时代，我们要建设中国特色的社会主义现代化强国，不仅要有丰富的物质文化和极其强大的国家硬实力，更要有高度的精神文明和深厚的国家文化软实力。中华民族的传统文化是中华民族的根和魂，是我们民族走向伟大复兴的精神驱动力，是中国建设披荆斩棘、蓬勃发达的不竭思想源泉，是中华民族面向未来、实现民族伟大复兴的巨大精神引擎。没有中国文化的繁荣昌盛，就不可能有中国特色社会主义强国。

习近平总书记指出：“中华优秀传统文化是中华民族的突出优势，中华民族伟大复兴需要以中华文化发展繁荣为条件，必须结合新的时代条件，传承和弘扬好中华优秀传统文化。”中国共产党自成立 100 年来，自始至终一贯自觉担负着中华文明与中华民族文化伟大复兴的历史重任。尤其是最近的20年来，发展繁荣中华文化成为党和国家在新时代中国特色社会主义现代化强国建设伟大战略布局中的奠基性工作，与之相配合的是大力制定支持性政策，推行重大举措。2011年，党的十七届六中全会通过的《中共中央关于深化文化体制改革 推动社会主义文化大发展大繁荣若干重大问题的决定》，正式提出“文化强国”建设战略，旗帜鲜明地提出以高度的文化自觉和文化自信为基础，建设中国特色社会主义文化强国的时代总任务。这一文件的出台标志着文化强国建设正式成为中国文化发展的战略任务和未来发展的新方向。众所周知，中华民族传统文化从根本上体现着中国特色，是社会主义文化事业的根脉，建设社会主义文化强国需要其强力支撑，优秀传统文化是文化强国的精神养料，必须从中华民族的历史文化传统出发，要尊重历史、继承历史、创新历史，自觉探寻历史传统文化对文化强国战略的支撑。2011年2月，《中华人民共和国非物质文化遗产法》颁布，该法成为我国文化战略部署中的一项非常重要的法律，它以法律的形式对非物质文化遗产进行保护，标志着我国的文化建设正式走上了法制化的轨道。2017年1月，《关于实施中华优秀传统文化传承发展工程的意见》颁布，对实施中华优秀传统文化传承发展工程进行部署，助力我国文化软实力的提升和中华民族的伟大复兴。2020年10月，十九届五中全会通过《关于制定国民经济和社会发展“十四五”规划和二〇三五年远景目标的建议》，在这份重要文件中，以一个专门章节的形式来讲“繁荣发展文化事业和文化产业，提高国家文化软实力”，规划了2035年将我国打造成为文化强国的宏伟新蓝图。2021年8月，我国推出《关于进一步加强非物质文化遗产保护工作的意见》，从总体要求、保护体系、传播普及和保障措施四个角度进行谋划指导。2022年1月18日，国务院以国发〔2022〕2号文件的形式发布《关于支持贵州在新时代西部大开发上闯新路的意见》，为新时代贵州的发展注入了强劲的发展动力和广阔的发展平台。其中的第十八条款提出“促进文化产业和旅游产业繁荣发展”“打造民族文化创意产品”和“加快优秀文化的开发”，成为贵州民族体育文化发展的绝好机遇。

原国家体委早在1983年就提出《关于进一步开创体育新局面的请示》，明确提出20世纪末中国体育的总目标是建成“世界体育强国”。在2008年第29届奥运会结束后的总结表彰大会上，胡锦涛总书记提出“进一步推动我国由体育大国向体育强国迈进”，体育强国建设正式成为中国体育发展的大战略。2019年，国务院推出《体育强国建设纲要》，对体育强国建设进行了系统设计，五大任务和九大工程一一得以明确，以期进一步加快体育强国建设步伐，我国体育强国建设思路更加明晰，体育强国建设的时间路线图清晰可见。同时还将体育文化的繁荣发展作为其中最重要的内容之一，着重强调实施包括“体育文化建设工程”在内的九大工程，以达到弘扬中华体育精神，传承与发展中华传统体育文化，实现满足各族人民的体育文化需求之目的。值得引起注意的是，中国要建设的体育强国是具有中国特色的，理应体现中国传统体育文化特色，若中国所建设的体育强国呈现出的是，在竞技体育赛场中争金夺银的全是清一色的西方体育项目，在蓬勃发展的全民健身活动中难以觅见中国传统体育项目的身影，无疑是我们难以接受的。而在近代以来我国的民族体育文化在西方体育的冲击下日渐式微，因此，国家在体育强国建设中应对传统体育文化倍加重视，特别是在少数民族体育的发掘、整理、归类、保护、继承与发展工作上，制定了一系列政策引领其发展。2006 年和 2018 年，我国分别出台了《关于加强少数民族传统体育工作的意见》和《关于进一步加强少数民族传统体育工作的指导意见》两份专门针对少数民族传统体育工作的文件，在强调少数民族体育重要性的基础上，提出加强少数民族体育工作的总体要求、基本任务以及相应的保障措施，将有力地促进少数民族体育的健康发展。

为呼应国家体育强国和文化强国建设的要求，贵州审时度势，结合其民族文化大省之优势，分别将多彩贵州民族特色文化强省和山地民族特色体育强省确立为其文化和体育发展战略，明确了贵州文化和体育的前进方向。21 世纪以来，贵州紧紧围绕民族文化和体育事业的发展定位，先后出台了一系列政策和举措，促进民族文化及民族体育的健康发展。贵州早在 20 世纪 80 年代就先见性地制订了《贵州文化保护管理办法》。2002 年，贵州制定出《贵州民族民间文化保护条例》，并于 2003 年元旦开始执行实施，这一文件在全国各省份中具有较强前瞻性。2005 年，贵州在文化领域再一次隆重推出省内新的重大文化政策——《贵州文物保护条例》，于当年 11 月 1 日开始实施，并根据贵州的省情特点于 2015 年和 2017 年两次对该条例进行修订。2015 年 11 月，贵州正式提出开展民族文化强省建设工程的战略举措，希望以此促成贵州各民族文化的繁荣昌盛，将民族文化融入贵州的发展大战略之中。2016 年 5 月，为促使民族文化强省建设扎实推进，落实到位，贵州推出并实施了《关于建设多彩贵州民族特色文化强省的实施意见》，对民族文化强省战略的实施进行了全盘规划和统筹安排，具有较强的操作性。贵州省分别在 2017 年 10 月、2018 年 7 月和 2020 年 5 月制定且实施了三项文物保护相关的重要政策，即《关于进一步加强文物工作的实施意见》《关于加强文物安全工作的实施意见》和《关于加强文物保护利用改革的实施意见》，三项政策不断保障和强化着文物保护工作的扎实推行，科学筹划了文物的合理利用，明确了文化工作的重点任务。2021 年 6 月 9 日，贵州在国内率先提出民族体育强省建设方略——《贵州建设山地民族特色体育强省行动方案》，此方案在体育强国建设如火如荼的背景下，对贵州的山地民族特色体育强省建设进行了科学的筹划与安排，设立 2022 年、2035 年和 2050 年三个时间节点，并分别提出各时间节点的建设目标，2050 年将最终完成贵州山地民族特色体育强省战略的蓝图。

文化传承着历史、映照着现实、牵引着未来。少数民族体育文化隶属于我国传统文化，是其不可或缺的有机构成。因此，习近平总书记曾在多种场合强调，我国在文化领域的重要任务“就是大力弘扬和发展少数民族文化。”[①]上述一系列关于“文化强国”“体育强国”、贵州民族特色文化强省和山地民族特色体育强

① 本刊评论员.弘扬和发展少数民族文化为中国梦提供强大精神动力[N].中国民族报，2014-04 - 25 (01)

省建设的战略和决策，是新时代中国民族传统体育文化发展的重大契机，中国传统体育文化不仅有了更重要的价值体现和更广阔的发展空间，而且成为支持传统体育文化发展的有力政策保障。同时，也对民族体育文化发展提出了严峻的挑战和新的要求。对于民族体育文化而言，其专门性的政策和其他文化政策相比非常欠缺，在我国的文化发展政策中是一个比较薄弱的环节。在贵州这样的多民族省份，加强少数民族传统体育文化政策研究，是贵州体育和文化发展战略的内在要求，也是作为体育学者对贵州山地体育强省建设政策的学理支持和自身的时代使命与责任担当。

（二）相关研究回顾

在中华大地上，56个民族共同创造了伟大的中华文明。民族体育文化作为我国民族文化中的重要文化因子，在我国当前文化强国和体育强国战略加快推进的背景下，其发展的好坏在一定程度上影响着两大战略的实现。对不同学者关于民族体育文化研究进行回顾，将成为民族体育文化研究的基础和出发点。通过文献梳理，本研究发现不同学者从不同角度对民族体育文化进行了广泛研究，主要研究主题集中在以下三个方面。

1. 对民族体育文化的研究

首先，关于中国少数民族体育文化总体的宏大研究。主要的学者有饶远、徐玉良和卢兵等人，云南师范大学的饶远关于少数民族体育文化研究的成果颇丰，既有著作，又有学术论文，代表性著作为《中国少数民族体育文化通论》（2009），中央民族大学徐玉良教授撰写了专著《中国少数民族传统体育文化研究》(2005),两部著作分别对少数民族体育文化的内涵做出阐释,再以历史、民俗、文化等为视角,对少数民族体育文化发展进行分析,并介绍了少数民族体育产业结构情况,两部著作产生了较大的影响。其次,对少数民族体育文化传承与保护的研究。这类研究指出,现代社会的城镇化一方面为少数民族文化提供了广阔的发展平台,另一方面使其发展边缘化、断层化和无根化,不断走向同化、变异甚至消失。倘若少数民族体育文化再不与时俱进,适时进行调整的话,就会被淘汰,提出了少数民族体育在守护、传承和重构上的解决之道。刘坚(2009)重点探讨了城市化进程中少数民族体育文化传承与保护问题。倪依克(2007)归纳了传统体育的特征,认为少数民族体育文化与活动器具、规则、秩序以及社会形态、宗教、历史文化、民俗民风有关,对此要有充分的认识,才能更好地保护好少数民族体育文化遗产。[1]刘坚(2012)指出云南省的少数民族体育文化圈子大而杂,是一个巨型的混合文化圈,部分少数民族体育文化传承处于"过渡时期",较为混乱,提出以政府为主导,全民参与的方式是其可持续发展之路。[2]最后,文化视角中的少数民族体育研究。王晓晨等(2019)讨论了少数民族体育文化的内生逻辑,孙庆波等对少数民族体育中的身体文化发展变迁进行了探讨,尹继林等(2020)讨论了"中国梦"视域下的中华民族传统体育文化的复兴问题。国外学者也对我国贵州民族文化表现出浓厚兴趣。比如,美国学者路易莎·斯切爱因(Louisa Schein)(1992)的研究成果《贵州苗族文化复兴的动力》,对黔东南苗族地区的苗族传统武术文化进行了总体性概括。澳大利亚学者王富文(Nicholas Tapp)在《中国西南的部落民族》(2000)和《中国 Hmong 人:情景、能动性与想象性》(2001)中,对苗族传统武术进行了详细介绍和论述。

2. 对贵州少数民族体育文化的研究

以"贵州民族体育"为主题,在中国知网数据总库进行检索,检索到文献 127 篇,通过筛选仅仅发现 80 余篇学术论文与贵州少数民族体育文化研究相关度较大,在这些论文中,影响较大的核心期刊论文不满 10 篇,学位论文共计 10 篇,其中 2 篇为博士学位论文,8 篇为硕士学位论文。由此可以说明,关于贵州民族体育的研究成果数量与贵州极其丰富的少数民族体育文化资源不相匹配,高水平的学术研究成果非常欠缺。主要研究内容大致涉及以下四个主题:一是从整体上对贵州少数民族体育的概况、特点、分类和社会价值与功能的研究。比如张志佩在其 2015 年的硕士学位论文中对贵州的少数民族体育活动的特点和价值进行了研究,王世春等(2018 年)在《贵州民族体育文化空间建构的路径探究》的论文中总结了贵州少数民族体育文化的表征。二是关于贵州少数民族体育的保护、传承与发展研究。主要的研究学者有曾晓进、冯胜刚、国伟和周遵琴,他们或从实证或从理论上对贵州的苗族体育文化、民族体育大好形势、传统节日与民族体育发展关系等多方面来对其传承与发展进行研究。三是将少数民族体育纳入学校教育的研究。比如,贵州学者王世春和王南童分别对贵州高校的少数民族体育基地和作为高校体育课程资源的贵州少数民族体育进行了研究,邓安成则在其硕士学位论文中对少数民族传统体育进校园的效果进行了研究。四是对贵州各地或不同少数民族的具体体育项目进行的微观研究。曾晓进对台江县苗族体育在现代化进程中的状况进行了细致调查。敖正雅以文化软实力为视角对贵州威宁县的少数民族体育进行了调查分析。在研究项目上，对武术和独竹漂的研究较多，比如戚虎研究了贵州松桃县苗族武术，朱弘晶以社会学的视角对贵州独竹漂进行了研究。

3. 对少数民族体育文化政策制度的研究

少数民族体育文化政策对少数民族体育的发展起着引领、调控与规范的作用，是少数民族体育发展的指向标。目前我国学术界关于少数民族体育研究成果相对丰富，而对少数民族体育发展的生命线——少数民族体育政策则关注度不够，对其研究更为缺乏。以“民族体育政策”为检索词通过中国知网检索，各图书馆查阅发现，新中国成立70余年中“民族体育政策”相关文献仅10余篇，这与我国大量少数民族政策的出台是极不相称的。饶远、张云纲、王厚雷等总结了中国少数民族体育政策的特征、所取得的成就，进而提出对未来的启示，并对政策发展方向进行了探讨。王冶、孟根图和董小莉等人以学位论文或期刊论文的形式从宏观上对中国少数民族体育相关法规政策进行了初步思考和有益探索。罗桂丽运用公共政策分析理论对四川凉山彝族自治州少数民族体育政策变迁的过程、原因和影响要素进行了研究。郑国华和殷鼎分别在论文《我国少数民族群众体育政策的历史演进》和《我国少数民族体育政策发展研究》中，对中国制定的少数民族体育政策的变迁过程、特点、成就以及政策问题进行了梳理与分析。研究一致认为，我国少数民族体育政策取得的成就主要是政策体系朝向多样化、规范化、法制化发展，保障着少数民族体育的顺利开展，各少数民族所享受的体育权益受到了充分维护和尊重。政策问题主要是政策滞后，具有应急性特点；脱离民族群众生活实际，少数民族群众的政策参与度低，对政策缺乏认知；政策的法制化建设力度不够，效力有限，对违反政策行为的惩戒不够。建议加强少数民族体育政策宣传，结合实际制定少数民族体育政策，关注并细化群众的体育政策诉求，增强政策的前瞻性，因地制宜地执行，加快少数民族体育政策的法制化进程。

4. 研究述评与学术动向

黑格尔指出，引领一个国家发展的根本是其优秀的文化传统。马克思亦反复强调：人类社会的进步并非只是生产力发展的结果，同时还在很大程度上受到文化的引领。中国之民族传统体育是一个多元混合体，习俗、礼教、宗教、农耕文化融于一身，包含天与地、乾与坤、阴阳太极于其中，体现着“天人合一”的生命观以及儒释道三家思想，是中国传统哲学思想的重要表现形式，是人类文明中的一个特殊的文化现象，是我们文化自信的重要来源。在“全球化”和“经济一体化”的冲击中，传承与发展好中国优秀民族体育文化极为重要，对于提升民族文化自豪感与自信心，促进民族和谐、团结、繁荣与发展，实现中华民族伟大复兴的中国梦，具有难以估量的重大时代价值。体育学界对民族传统体育进行研究正是对时代的呼应，是为民族传统体育的发展做贡献的需要。然而不无遗憾的是，上述文献梳理发现，对于指导少数民族体育文化发展方向的政策研究，却极为鲜见，是民族政策和体育政策研究中的薄弱环节。

贵州少数民族众多而集中，拥有众多的民族传统节日，被誉为“千节之省”，具有异常丰富的少数民族体育文化。在西方体育盛行的环境下，贵州少数民族体育文化日渐萎缩，如何对其进行更好地保护和传承是一项紧迫的时代课题。而综观国内现有对贵州少数民族体育的研究，其成果极其有限，且多从局部对某一县区的传统体育项目进行分类和介绍，概括其特点和功能，以及对其传承、发展过程中的问题及对策进行分析，提出的发展建议大多空泛，缺乏结合民族复兴的伟大时代背景进行的深入研究。

而对于贵州这样的多民族省份，面对民族复兴的新形势，制定符合贵州省情、适应时代发展需要，具有战略性、系统性、前瞻性、科学性和操作性的民族体育政策，则显得尤为必要。文献梳理却发现，对于少数民族体育文化政策的研究寥若晨星，乏善可陈，更不用说对贵州少数民族体育文化政策的研究了，目前尚未发现这类研究。这无疑会使少数民族体育政策缺少理论指导，难以制定出科学高效的政策，导致少数民族体育文化的保护和发展受到制约。因此，关于贵州少数民族体育文化政策的研究亟须加强。

（三）课题的研究价值

党的十九大提出了文化的重要性：“文化是一个国家、一个民族的灵魂。”并强调“激发全民族文化创新创造活力，建设社会主义文化强国"。习近平总书记不止一次告诫说："传统优秀文化是一个国家、一个民族传承和发展的根本，如果割断了，就丢掉了精神命脉。"民族文化保护政策是少数民族文化发展的航标和方向盘。我国体育总体战略重心在于全民体质的增强，民族体育文化的昌盛。我国体育整体战略的实现离不开贵州体育文化的发展繁荣。当前关于贵州的少数民族体育文化政策研究接近空白。在我国行政引导起关键作用的国情里，如此现状无疑会给贵州省少数民族体育带来两个问题：一是少数民族体育保护政策本身的科学性问题，难以提高政策落实的实效性；二是少数民族体育事业的发展问题。本研究针对贵州特殊的省情，对贵州现有少数民族体育政策进行梳理，归纳政策特征、发现问题、分析原因、总结经验、概括成就、探索规律、进行政策优化等，运用政策过程理论对其政策在现代化进程中的运行进行具体探讨，具有以下独到的学术价值和重要的应用价值。

1. 学术价值

(1)现有的民族体育文化研究中，关于民族体育文化政策的研究比较薄弱，本研究以民族发展理论和政策过程理论为理论基础，对贵州少数民族体育文化政策进行分析，是对现有研究成果进行的补充，不仅有助于丰富和完善民族文化政策的理论，而且也便于加深对少数民族体育文化政策的本质和内涵的理解；(2)建构一种适应贵州少数民族体育改革与发展的政策理论体系，保证贵州少数民族体育文化政策的科学性和有效性；(3)为贵州等少数民族集中省份乃至全国少数民族体育文化政策决策提供理论依据。

2. 应用价值

(1)发现并协助解决贵州少数民族体育政策中的问题,深入分析其产生的根源和背后的原因,为政府提供政策咨询和理论参考,推动政策的调整、优化和完善,提高其政策质量。(2)为广大社会民众了解贵州少数民族体育文化政策提供渠道,有利于广大民众了解政策,并提高对少数民族体育文化政策的认识,以促进贵州少数民族体育事业的健康良性协调发展。(3)推动贵州少数民族体育文化产业发展,为贵州经济发展做出应有的贡献。在市场经济社会,民族体育文化在经济发展中的地位日渐突显,与经济之间的关系更加紧密。本研究可以揭示贵州少数民族体育文化产业政策规律,为新时代打造少数民族体育特色品牌提供新的经济增长点。(4)为贵州乃至全国少数民族体育文化发展保驾护航,民族体育文化作为体育强国建设和文化强国建设的重要组成部分,有利于推动体育强国和文化强国建设的早日实现。

(四)课题的创新之处

中华文明是世界历史上唯一没有中断的文明,有着悠久的历史传统和灿烂的文明,其文化宝藏需要我们不断深入地进行挖掘、整理和发扬光大。丰富多样的中华民族文化既蕴含着中华民族共有的思维方式、文化意识和精神追求,也标识着各民族间文化心理的差异,同时又是中华民族强大生命力和创造力迸发的不竭源泉。在政策上对民族文化的发展加以引导,对于增添中华民族的文化创新活力,加快中华文化的伟大复兴,早日实现文化强国建设是大有裨益的。新中国成立以来，我国关于少数民族地区的经济、文化、社会和体育诸方面的政策促进了各个少数民族体育的进步，取得了显著效益。贵州的民族体育在快速发展的同时，也凸显出许多问题。而学界对贵州民族体育的研究成果少，难以为其发展提供理论支撑，对引领贵州民族体育文化发展的少数民族体育文化政策的研究更是极为鲜见。

现阶段，贵州正在快马加鞭地进行民族特色文化强省和山地民族特色体育强省建设。在此背景下，我们要保护好贵州独有的民族文化，发挥好贵州的多民族优势，建设好贵州的精神文化高地，可以凝聚起贵州后发赶超的强大动力，为早日实现民族文化强省夯基筑底。贵州少数民族体育文化是贵州多彩民族文化中不可或缺的绚丽一彩，加强对贵州少数民族体育文化保护，理所当然地是贵州民族文化强省建设的基础性工程，具有重大战略价值。本研究对新中国成立以来贵州的少数民族体育文化政策演变历程进行梳理，呈现出政策演变脉络；分析政策制定、执行和评估中的问题，借鉴国外发达国家和国内体育强省（市）的体育政策经验，构建贵州少数民族体育文化政策体系，为贵州少数民族体育文化政策的科学化发展建言献策，引领贵州少数民族体育文化走向未来。这是对民族政策和体育政策研究内容的拓展，具有创新意义。

二、理论基础、基本概念与方法

（一）理论基础

1. 民族发展理论

马克思和恩格斯的民族发展理论揭示了民族发展过程中存在的民族问题背后的规律，指导着民族发展中现实问题的解决。中国共产党在领导中国人民的革命和建设过程中，不断探索，将马克思主义民族理论与中国民族发展实践相结合，实现了马克思主义民族理论的中国化，形成了中国特色的民族发展理论。民族发展理论成为少数民族体育文化政策的理论依据，主要有两个方面原因：一是现代民族发展必然涉及民族传统文化与现代文化之间的关系问题，而少数民族体育文化是民族传统文化的必不可少的重要因子。二是少数民族体育文化政策的重要目标之一，是要促进各少数民族的持续发展，而少数民族的发展必然无法离开科学有效的政策支持。中国共产党历来就高度重视少数民族文化的发展，其民族政策的最终落脚点是加快民族地区少数民族的发展。作为民族政策组成部分的少数民族体育文化政策的政策目标也是指向少数民族文化事业的发展。

2. 政策过程理论

1951年，哈罗德·拉斯维尔（Hsrold D Lsswell）和丹尼

尔·勒纳(Daniel Lerner)在他们共同发表的《政策科学:近年来,在范围与方法上的发展》一文中,将公共政策分析视作一个新兴的研究领域,成为政策科学的起源。随着政策科学的发展,政策过程理论逐渐成为该学科中最常见的一个理论,虽然不同的政策研究学者在将一项完整的公共政策过程进行阶段划分时,在划分的数量上会有所不同,但一般都可以归结为政策制定、政策执行、政策评估和政策终结四大阶段。少数民族体育文化政策是公共政策的组成部分,属于政策学研究的理论范畴,其政策过程同样可以按照这样的方式划分为政策制定、政策执行、政策评估和政策终结四个过程。同时,公共政策的实质是以政府为代表的公共权力对社会公共资源和社会利益进行合理分配的手段,利益的博弈贯穿于每一项公共政策的始终。少数民族体育文化政策的参与方在政策过程的每一阶段都会参与利益的博弈,这一博弈就成为政策变迁的动力,推动政策朝向合理的方向变迁。

(二)相关概念界定

结合国内学者、体育院系教材、期刊论文和学位论文对体育文化、少数民族文化、少数民族体育文化的理解与界定,以及笔者对相关概念的思考,在本研究中,将对少数民族文化、体育文化、少数民族体育、少数民族体育文化政策等概念做出以下界定:

少数民族文化是指各少数民族在长期的演化中,为其生产生活所用而创造的具有各自民族特征的各类文化的总称。通常可以将其分为广义和狭义两类,在广义上是指少数民族群众在劳动、生活、娱乐、发展、享受的需要推动下所创造出来的物质、制度和精神文化之和；在狭义上则更强调各少数民族所创造的精神文化。

体育文化是由人所创造的，以身体活动为基本方式，以实现和增进人的体质健康，提高运动能力，满足精神生活，娱乐身心等非实用性功能的身体运动形态和与之相关的物质文化、制度文化及精神文化。

少数民族体育文化产生于少数民族文化和体育文化的交集中，是二者的下位概念。它是由各国、各少数民族人民在长期的生产生活中所创造的体育文化，既包括传统体育，也包括现代体育。在本研究中所使用的“少数民族体育文化”概念则是特指少数民族传统体育文化。

少数民族体育文化政策是为了保护、传承、发展少数民族体育文化，由中央和地方政府所制定的一系列相关制度、法律、法规、条例、政策、规划、方案、通知、意见、批示和领导的相关讲话，以及采取的行动措施等的总和。少数民族体育文化政策在层次上可划分为五个级别：第一级是国家总体制度中关于解决少数民族体育文化相关问题的基本原则，如《中国人民政治协商会议共同纲领》《中华人民共和国宪法》中对我国少数民族的基本规定；第二级是贯彻国家宪法规定的基本原则过程中和少数民族体育相关的基本政策法律，如《中华人民共和国体育法》和《民族区域自治法》中关于少数民族文化和少数民族体育的规定，这是制定少数民族体育文化政策的基本依据；第三级是全国性的法律、法规、条例和政策等对少数民族文化和少数民族体育进行的规定，如2005年、2006年、2009年和2011年我国分别制订的《关于加强文化遗产保护的通知》《关于加强少数民族传统体育工作的意见》《全民健身条例》《非物质文化遗产法》和《国务院关于进一步繁荣发展少数民族文化事业的若干意见》等法规政策；第四级是各省（直辖市、自治区）的自治条例或者单行条例中关于少数民族文化方面所规定的相关政策、规划和方案等，这是少数民族文化政策的主要内容。第五级是省级以下行政部门机构所制定的关于少数民族文化和体育文化相关的规定。本课题主要以第四级的少数民族体育文化政策为研究对象，即贵州的少数民族体育文化政策，同时关注其上位的国家少数民族体育文化政策和下位的贵州地、市、州、县相关政策。[3]

结合对上述相关概念的界定和理解，我们可以将少数民族体育文化政策理解为民族政策、文化政策、体育政策的下位交叉概念，它在整个政策体系中位置可以用下图表示。

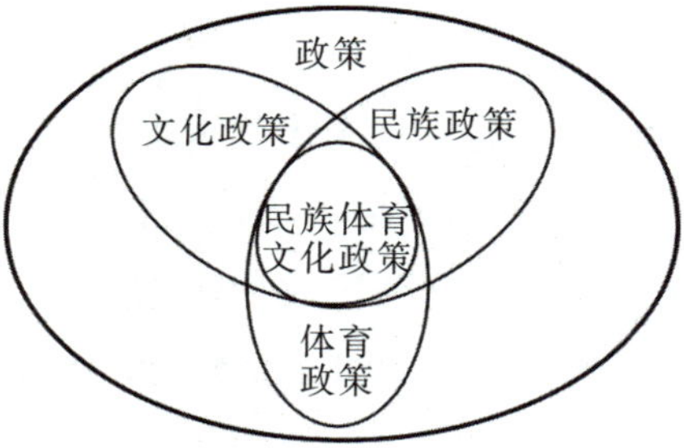

（三）课题的研究方法

1. 文献资料法

通过图书报刊、中国知网、谷歌学术引擎、各图书馆以及不同省份的民宗委和体育局网站等对相关文献进行检索，获取的资料主要包括：与少数民族体育文化政策相关的法律、法规、政策、条例、通知、指示等文件；国内外专家、学者关于民族体育问题的论文、研究报告和专著等学术文献；有关网站的即时信息。拟达到的目的：①了解我国、贵州和其他省份的少数民族体育文化政策动态；②分析贵州不同历史阶段少数民族体育文化政策的背景及相关内容。

2. 历史研究法

历史研究法也被称作纵向研究法，它是运用历史文献资料，根据历史发展的先后顺序对过去事件进行梳理的一种研究方法。用历史研究法系统阐述贵州少数民族体育文化政策的演变历程，揭示少数民族体育文化政策在各个历史时期的真实存在，及其与当时社会政治、经济、文化、教育等的关系，以及在特定的历史时期所呈现的基本规律。

3. 访谈法

为了解贵州少数民族体育文化政策出台的细节，在研究中对贵州省民宗委和体育局的领导、工作人员以及部分贵州民族体育研究的专家学者进行深度访谈。对省民宗委和体育局的领导、工作人员的访谈，主要了解贵州少数民族体育文化政策的制定背景、制订过程、政策目标及在政策执行中存在的问题；对民族体育研究的部分专家学者的访谈，主要是加深对贵州少数民族体育文化活动的渊源、在新时代的价值及其开展情况以及发展与改革的趋势的认识等，为本研究中政策建议的提出打下基础。

4. 比较研究法

采用纵向和横向比较相结合的研究方法，主要运用纵向比较，对贵州不同历史时期的少数民族体育文化政策进行比较，以动态的观点分析政策的演进路径规律，同时兼顾与发达国家、其他省份体育政策和少数民族体育政策的横向比较，获得政策借鉴与启示，为制定出符合贵州特殊省情的少数民族体育文化政策提供依据。

5. 制度分析法

制度分析法的核心是一种制度必然产生相应的政策。我国的政治制度结构、权力结构、决策程序等变迁都会对少数民族体育文化政策演进产生直接影响。少数民族体育文化政策体系中各项政策事物相互依存，其中某一政策变化后，其他条件也会随着变化，最终会使整个少数民族体育文化政策朝着某种方向变化。制度分析法是适合研究少数民族体育文化政策的一种重要方法。

三、贵州少数民族体育文化概况

(一)贵州少数民族文化概要

贵州是中国西部一个在经济上相对不发达的省份,虽然当前贵州取得了脱贫攻坚战的伟大胜利,千百年来的世代贫困的窘境被彻底打破。但其社会综合发展水平相对东部省份仍然比较滞后。贵州同时又是一个全国多民族最集中的省份之一,全省生活着 53 个少数民族。而且,贵州的民族自治地方较多,所辖的 9 个地级市、州中就多达 3 个州属于少数民族自治州,占市州总数的 33.3%,在贵州省的 88 个县、市、区和特区当中多达 11 个县属于少数民族自治县,占县区总数的 12.5%,在全省的 1 795 个乡(镇、办事处)中有 253 个民族乡镇,占全省乡镇总数的 14.1%,占全国 1 077 个民族乡镇的 18%,贵州境内 88 个县全都生活着数量或多或少的少数民族。其中有侗、苗、彝、土家等 17 个民族是世居的少数民族,这些民族在贵州大地上世居历史悠久而漫长。贵州少数民族种类的数目之多居于全国各省份的前列,只是略微小于云南与新疆的民族数量,与广西的民族成分数量相等,并列排在全国第 3。贵州省内生活的各少数民族的常住人口数量达到 1 405.03 万人,是贵州省总人口的 36.44%,少数民族人口在数量上只是小于广西、新疆、云南三个省份，数量全国第4，占比全国第5。[4]据统计，全省境内属于少数民族自治的地方面积是全省面积的55.5%，有9.78万km^2。正是因为贵州多民族长期的聚居生活，各民族创造了具有本民族特点的民族文化，成就了贵州民族文化多态性形成之根柢，形成了绚丽多彩的民族文化。

五十多个少数民族在贵州共同生活和繁衍，形成了内涵深厚、形态各异的民族文化，以独特的民族节日庆典、民风民俗、民族祭祀、民族禁忌、民族信奉、民族文学、民族宗教、民族体育、民族技艺等形式表现出来，简直就是一座收藏着千姿百态民族文化的天然博物馆。贵州多姿多彩的民族文化所具有的独特魅力吸引着人们的广泛关注和好奇，成为贵州赶超发展中的后发优势。新中国成立后，尤其是自1978年改革开放以来，贵州的发展受到国家的高度重视，不断为贵州发展提供政策支持和保障，贵州的发展速度显著提高，民族文化也得到了很好的保护和有效的开发，并围绕民族文化多样性、“生产性保护”和“保护性开发”、民族文化“资本化”四个方面积极探索和建立民族文化高地。贵州民族文化不断被挖掘、整理继承和发扬光大，各类民族文化竞相绽放，异彩纷呈，形成了一道道光鲜亮丽的民族文化图景，被称赞为“歌舞天堂、节日海洋、文化千岛”，多元的民族文化在贵州大地上熠熠生辉，构成了“多彩贵州”的文化底色和文化优势，引起了全国乃至世界的关注和兴趣。以民族古籍而言，贵州的拥有量在全国无出其右者，全省有136部重要的民族古籍是珍贵古籍，占国家所有的珍贵古籍总量的82%；再看少数民族特色村寨，贵州拥有的337个国家级少数民族特色村寨，占全国当前总量 1 652 个中的近两成，其数量毫无争议地排在全国第一。[5] 在民族文化遗产方面，结合贵州民族文化特征和独特的文化生态系统，不断挖掘和打造出一批享誉国内外的民族文化遗产，如“苗族芦笙舞”“木鼓舞”“苗年”“苗绣”“布依族三月三”“水族端节”“水书习俗”“彝族铃铛舞”和“铜鼓十二调”等。绚丽多姿的民族文化使得“多彩贵州”更具生命力，贵州的文化底色更加突显，民族文化自觉和民族文化自信大大增强。当前，贵州各地正积极创造性地弘扬和创新性地发展民族文化，不断提高贵州的知名度和美誉度、提升贵州靓丽形象。[6]

(二)贵州少数民族体育文化简况

贵州各个少数民族人民在长期的生产生活中创造了璀璨的民族文化，民族体育文化犹如一颗夺目的明珠天然地蕴含其中，形成了众多不同的民族体育项目，是民族文化中的重要因子。它是在贵州特有的环境和各民族杂居的形势下，各少数民族共同生产生活中产生并发展起来的，与文学、艺术、宗教、习俗交织在一起，具有浓厚的贵州特征。同时，也是中华民族传统体育的重要因子。通过调查、访谈及相关文献统计得知，贵州世代居住的少数民族体育活动项目的数目占据全国所有被挖掘整理出民族传统体育项目总量 977 项的四成有余，达 40.9%，占据全国所有少数民族体育项目 676 项的近六成，达 59.2%，具体数量多达 400 余项，是汉族体育项目 301 项的 1.3 倍还多。[7] 这些数据足以说明贵州少数民族体育文化之丰富。贵州人口较多的少数民族的主要体育项目见表 1 所示。[8] 贵州少数民族体育整体上呈现出少数民族人口越多,其民族体育项目的数量也就越多的特征。从表1中明显看出,从数量分布上看,人口数量超过30万的少数民族从多到少依次是苗族、布依族、侗族、土家族、彝族、仡佬族和水族,他们拥有数量更多的民族传统体育项目,分别达到126个、89个、67个、60个、61个、52个和60个,人口较少的羌族、仫佬族、蒙古族则拥有的传统体育项目数分别是11个、7个、8个。说明少数民族人口的总量与其传统体育项目的数量基本呈现正相关关系,人口数量是影响民族体育项目保护和传承的重要因素。从表现形态和功能上看,贵州少数民族体育项目可以划分为竞技类项目、文化表演类项目和健身养生类项目三大类别。不管哪一类的民族体育文化在历史和现实的发展过程中都发挥着诸如竞技、健身、娱乐、教化、协调族际关系等方面的重要功能。从区际分布上看,各区域差异较大,分布不均衡。贵州少数民族传统体育项目的空间分布格局由于受区域经济、人口分布、历史文化、交通区位和旅游资源开发等因素的影响,其分布表现出较大的区域差异。总体分布呈现出少数民族聚居区集中,经济发达的城市稀少的不均衡的发展态势。比如黔东南、黔西南、黔南和道真等少数民族自治的州、县等少数民族聚居区,民族传统体育项目数量明显更多。贵州少数民族人口"大杂居、小聚居"的分布特征使少数民族传统体育文化表现出"你中有我,我中有你"的文化共存现象,使同一民族传统体育项目在不同的少数民族当中流行比较常见,带来了文化的复杂多样性。例如,在苗族、布依族、彝族、水族、满族当中都流行同样的赛马项目,少数民族中有10个少数民族都有不同称呼。

从民族体育对外交流上看，人类的流动会带来各民族文化不断向外传播，在当今我国城市化进程不断加快的大背景下，文化交流活动越来越频繁，贵州少数民族传统体育文化向汉族传播的趋势非常明显。如在贵州黔东南、黔南等地瑶族中起源并流传开来的“打陀螺”项目，逐渐为汉族人所接受，在以汉族为主的贵阳地区日渐兴起。[9]

表1　贵州主要少数民族的体育项目一览表

民族	体育项目名称
土家族	跳花灯、莲花十八响、顶额、开红山、踩高跷、扇子舞、金钱杆、顶杠、打陀螺、赛龙舟、顶棍、扳手腕、跳绳、摔抱梏、打四角板、抬手轿、打水漂、丢窝、斗鸡、看谁先动、挤油渣、茅古斯舞、跳茶灯、刹铧、送龙下河、炸龙、请扫把神、祭风神、叠石子、瞎子抓人、萝卜白菜、烧饼油条、角力、捡子、骑竹马、挑小棒、老鹰抓小鸡、磨磨秋、打沙包、独竹漂、扭扁担、傩技、打水仗、打飞棒、较手劲、上刀梯、竹铃球、钉鸡、跳瓦片、吊楼梯、七姑娘、戏水抢鸭、舞草把龙、成三旗、攀岩、砸纸板、板凳舞、高脚马、打泥巴沙眼、跳房子、倒挂金钩、撞肩、高脚灯、举重、踢毽子、摆手舞、摸猫猫、接龙
彝族	彝拳、摔跤、角力、牵羊摆尾、上刀梯、上云梯、手毽、顶头、赶牛、掷葫芦、追羊、拔河 、斗牛、脚斗士、绵羊拉绳、赛马、爬油杆、彝刀、踩跷板、飞雷、扳手劲、蹲斗、舞龙、磨磨秋、索索秋、观音秋、打鸡毛、打毽、打猎、打毛达、打毛蛋、打抛、打水漂、打陀螺、抱鹅蛋、打尜、打鸡、打鸡儿棒、打瞎摸、丢帕子、飞石索、躲猫猫、翻七寸、舞狮、凫水、鸡毛毽、拣籽、捡石子、跷跷板、射弩、射箭、举重、跨拱背、老虎抢蛋、老虎护子、练舞龙抱蛋、扭扁担、爬花杆、耍花棍、甩糠包、甩绳石、甩皮风、唢呐花踢毽、踢毛鸡球、跳拜拜脚、梢子棍、齐眉棍、跳高、跳火绳、野鸡争山

续表

民族	体育项目名称
水族	滚竹环、小马滚珠、水家猴拳、鸭拳、水家拳、水家太极拳、斗角舞、拐子拳、环刀舞、鱼拳、芦笙舞、独凳拳法、八步追风拳、双凳拳法、铜鼓舞、端坡赛马、骑颈马竞速、狮子登高、扳腰、骑颈马、花灯、扳手劲、抢老鹰抓小鸡、打斗、抗麻、踩高跷、扭扁担、丢石子、打地老鼠、顶扁担、扯萝卜、卷晒席、划龙舟、跳子门、点帕子、摇摆、猫捉老鼠、打陀螺、打手毽、虾拳、骑草马、舞龙、耍狮、打鞋、跳房子
苗族	赛马、上刀梯、打猴鼓、打磨秋、坐秋千、踩鼓舞、舞龙、摔跤、陀螺、耙棒舞、反排木鼓舞、踩火龙、射背牌、苗刀、跳芦笙、打花鼓、独龙舟、水鼓舞、迁徙舞、打毽射弩、吹枪、打鸡毛毽、摆秋、板凳舞、木鼓舞、打花棍、踩高跷、苗拳、独脚鸡、爬杆、爬花杆、踩月亮、板凳拳、接龙舞、花棍舞、五河拳、舞狮子、苗剑
满族	跳独脚、抢花珠、摔死马腰、打毽子、牛打架、铳锤、扭扁担、掰手腕、抵腰劲、背人对攻、赛马、戏轿、打瞎猫、抱鹅蛋、老鹰拿鸡、丢帕子、戏水、射箭、芦笙跳竹竿、马马肩、马舞、马上摔跤、马戏、扯长毛、玩猴戏、舞狮灯、玩龙、玩柳龙、索秋、磨磨秋、猴子滚瓜、独木行、竖花树、火焰刀、板凳拳、木锏、三星斗、打鸡毛毽
侗族	抢花炮、打水仗、舞春牛、多耶、斗鸡、舞狮、斗牛、打秋千、跳田、荷叶棍、扳手劲、打飞棒、芦笙舞、虾公舞、摔跤、骑高脚马、跳单双、打陀螺、四门棍、踢(拍)毽子、斗木马、石陀、打飞毽、板凳龙、抢鱼王、鼓楼抢鸡、侗家棍、齿翼月牙镗、环柄提刀、双刀、踩马脚杆、偃月刀、勾林、三角阴叉、双锏、戏水、满堂棍、舞龙
仡佬族	打蔑鸡蛋、推屎耙、抱蛋、斗鸡、高脚竹竿舞、蹦蹦鼓、跳梭、踩堂舞、跳格子、丢沙包、老鹰抓小鸡、牛拱背、抵杠、翻羊剪刀、搭火盆、撑马马肩、地牯牛、仡佬族毛龙、高台舞狮、档耙、板凳拳

续表

民族	体育项目名称
布依族	织布舞、秋千、板凳龙、铜鼓刷把舞、蛇孵蛋、托蔑球、抵杠、包谷壳、竹铃鼓、抱石比赛、踢毽、把式舞、打格螺、金儿棍、舞狮、赛马、舞龙、铁链械、甩花包、打抛打、鸡毛毽、花棍舞
白族	银壶舞、啊达跳、左脚舞、霸王鞭、八角舞、塔体舞、打地螺、掰手腕、斗鸡、磨磨秋、观音秋、高索秋、踢毽子、打鸡毛毽、打抛、耍龙、竹竿舞、赛马、摔跤
瑶族	揞杵舞、陀螺竞技、板凳舞、打猎舞、踩红犁、猴鼓励舞、芦笙舞、摔跤、长鼓舞、从江五尺棍、花样陀螺
毛南族	斗地牯牛、斗鸡、火把舞、板凳舞、竹竿舞、竹筒舞、打棉球、打耗尾、同背、石锁、打陀螺、荡秋千、舞火龙、跳拱背、滚铁环、猴鼓舞、骑马杠、斗捺奴

（三）贵州少数民族体育文化主要成因

贵州少数民族体育文化形成的原因是多方面的，通过研究分析，结合吕华鲜等学者的观点[10]，我们将其主要成因归纳为以下五个方面：

1. 生产生活方式

人类的生产生活方式是其生产力发展水平最直接体现，决定着其他活动的形态。贵州相当大一部分少数民族传统体育项目是各族人民对狩猎、打鱼和农耕生活的模拟，是其长期生产劳动与生活方式的另一种娱乐化形式再现。贵州苗族人民通过狩猎等活动维持其生存，在对其狩猎技术进行改造和规范的过程中，其攻防格斗技能不断提高，从而形成了本民族所特有的一种武术拳种——苗拳。织布舞也是对少数民族织布这种劳动形式的模仿，一定程度上反映了少数民族的生产生活方式。

2. 民族宗教信仰

贵州的宗教信仰与其少数民族传统体育文化的创造紧密相连。贵州少数民族在漫长的古代社会，一直长期生存于自然环境封闭而且恶劣的山地和丘陵之中，生产力水平极其低下，自然崇拜思想盛行，许多民族体育项目来源于其宗教崇拜。贵州白族的耍火龙、苗族的猴鼓舞和回族的惯牛等传统体育活动都蕴含着各自民族宗教信仰。例如，主要在贵阳市的湖潮、花溪、青岩、孟关等地的苗族中流传的猴鼓舞就因宗教崇拜而形成。在传说中，鼓和猴帮助苗族人民躲过灭绝的厄运，于是，苗族人民就将猴子和鼓作为其图腾崇拜物，苗民开始模拟猴子的动作，击鼓舞蹈来纪念先祖与祭奠过世长辈，久而久之便演变形成了现在流行的猴鼓舞。

3. 生活娱乐活动

由于山地的闭塞和交通限制，贵州各族人民的经济生活贫困，形成了各民族自己的文化传统，他们长期过着一种缓慢的、季节性和周期性的狩猎和农耕生活，这种生活方式简单、重复而又单调。在一年四季的辛勤劳作中，人们为满足身心活动的需要，通常在余暇时间自发组织一些娱乐活动来调节身心，并在生活娱乐中形成了诸多含义不同的少数民族传统体育文化。典型的娱乐性活动有玩杂耍、打秋千、翻跟斗、斗雀、打手毽、打耗子、扯萝卜、踢鸡毛毽、丢花包、斗画眉、老鹰抓小鸡、猫捉老鼠、打地老鼠、游水追鸭等。

4. 战争军事活动

贵州的许多世居少数民族大多是因为躲避历史上的战乱而由中原地区迁徙而来，同时也为了增强体质、提高战斗能力，便于在争夺生存资源，抵御外敌侵扰中取得胜利，许多原本没有军事意义的活动为了满足军事需求，逐渐演化成了具有军事意义的体育活动。例如贵州布依族农村给农作物脱粒使用的工具铁链械，因在劳作的过程中可以用来当作武器击退抢掠者，而成为保护人身安全和财产安全的利器。布依族人民为了表达对铁链械的敬重，往往会在跳地戏之前进行一段铁链械的表演活动，铁链械因而逐步演变成为布依族的一项传统体育项目。

5. 自然地理环境

贵州独特的自然地理生态环境也对少数民族传统体育文化形成和发展产生着重要的影响作用。比如贵州布依族生活在平地狭小，山地、沟壑、密林、河流等密集的独特自然地理环境之中，其武术受此自然地理环境影响，形成了"套路短小精悍、连接紧凑、刚进勇猛、讲求实战"的主要特征，有别于北方"大开大合、舒展大方"的武术动作特点。贵州土家族的传统体育项目"土拳"亦是如此，在动作上追求"短小紧凑、攻防效用"，正是土家族生活在崇山峻岭、地势险要的自然地理环境所致。

（四）贵州少数民族体育的文化特征

贵州的少数民族体育文化是在贵州少数民族的历史长河中

产生的，是各民族人民生产、生活、娱乐、祭祀和游戏等活动的结果，其自身具有以下主要特征。

一是娱乐性。各少数民族在长期的生产生活中形成的少数民族体育活动，在集会、民族节日和余暇时间进行，没有特别严格的规则和标准，且大多并非单纯性体育活动，而是和生产、狩猎、宗教、民俗、艺术和婚丧嫁娶等活动结合在一起，渲染轻松愉快的氛围，用以庆祝丰收，表达宗教礼仪，欢庆节日、消遣嬉戏、放松心情、愉悦身心，旨在健身娱乐、闲暇消遣，表现出强烈的娱乐性。比如，许多民间的舞龙舞狮活动，就是民族传统体育项目中具有代表性的娱乐性体育活动。

二是竞技性。贵州的少数民族体育文化具有众多的项目，其中相当一部分项目对参与者的体力和身体素质要求较高，在参与的过程中，对身体的对抗性要求较高，尤其是在民族节日活动中，对参与竞赛者的技能水平要求较高，要获取比赛的胜利必须要有良好的体能和身体对抗能力。尤其是诸如珍珠球、龙舟、摔跤、抢花炮和推杆等少数民族体育项目，表现出较强的竞技性。

三是历史的悠久性。少数民族体育文化是一个丰富的宝藏，伴随着不同民族人民的生产生活的历史而产生和演变，反映了各少数民族在悠久的历史发展中所形成的民族意志、特质和品格。流传至今的少数民族体育项目，虽然产生的先后顺序有所不同，但一定都是历经千百余年来的选择而最终传承下来，都具有悠久的历史渊源。在中国古代的文献当中，就有关于贵州少数民族体育文化的详细记录。唐朝时期宫廷就有了苗族芦笙舞蹈,清朝乾隆年间的《苗疆闻见录》中有对贵州苗族的独木龙舟活动的细致描述,就充分表明这一活动具有悠久的历史。

四是内涵的丰富性。我国贵州的每一项少数民族传统体育活动都与西方现代体育项目不同,都不是纯粹的体育活动,而是艺术、文学、音乐、舞蹈、祭祀和体育等多种元素糅合而成的综合体,难以进行清晰的分割,其内涵丰富,成就了“我是你,你也是我,我中有你,你中有我”的复杂形态。同时,还可能满足不同人群的不同需求,无论男女老幼皆可根据自身的需求参与其中。

五是表现形式的千姿百态。贵州不同少数民族的体育文化承载平台各有不同,例如,侗族是侗年和萨玛节,苗族是四月八,仡佬族是吃新节,土家族是摆手节,布依族是六月六,瑶族是盘王节,水族是卯节(也被称为歌节),这些节庆活动各具特点,系各民族的体育文化生存和发展必不可少的重要载体,呈现出多种表现样式。

六是差异性。贵州不同少数民族体育文化之间既有一些共性的特征,同时也体现着鲜明的差异性,即使同一少数民族因原有的居住环境逐步被外界打破,产生了新的具体生活生产环境。再加上不同的地域与外界交流程度发生着变化,现代元素开始逐渐渗透其中,使其体育文化产生出一定的差异性,并不会完全相同。[11]

七是特征的稳定性。贵州少数民族体育文化在历史长河的演变中,虽然会随着时代的变化不断有新鲜元素得以充盈其中,其呈现出来的形式在不断发生着变幻,在不同场域表现出不同的形式,但其核心要素和特征是稳定的,其核心地位没有发生根本变化，仍然具有清晰的辨识度，每个民族都可以准确地辨识出本民族的体育文化项目，这就充分说明民族体育的特征是相对稳定的。

八是濒危性。贵州少数民族体育文化基本都是适应古代农耕社会的产物，随着时代经济和科技日新月异的高速发展，目前贵州的少数民族体育文化在其社会生存环境不利的条件下，人们对其关注度降低，将重心放在经济建设上，民族体育项目后继乏人，其传承与发展面临着严重的危机，呈现出走向衰落的势态，部分项目的生存岌岌可危。

九是独特性。每个民族的传统体育活动都具有各自的特色，显示出与众不同的独特性，体现着本民族的文化特质。在贵州苗族的龙舟竞赛中，所使用的“独木龙舟”便是其中的一个典型，最能体现出这种独特性。这种独木龙舟在全球是最古老的，也是独一无二的。它已经被我国纳入国家级非物质文化遗产保护项目，目前在中国和日本的国家体育博物馆均有陈列。另外的一个典型项目就是在贵州赤水流域的少数民族中流行开来的“独竹漂”运动，它属于贵州独创的一项民族传统体育活动，被赞誉为“中华水上一绝”。

十是多源性。贵州民族传统体育项目的起源是多元化的，有的产生于生产劳动，比如瑶族人民喜爱的揞杵舞，就是瑶族人将制作和使用揞杵的生产劳动用身体活动的形式表现出来，最终形成的一种少数民族传统体育活动；有的是由军事与战争活动演化而来，比如贵州苗族的武术和布依族的铁链械；有的是在民间习俗活动中孕育的，比如全国各地端午节期间进行的赛龙舟活动;有的也会带有民族宗教信仰的性质,比如土家族的祭风神和傩技表演均具有神秘的宗教色彩。由此可见,贵州少数民族体育项目与现代体育项目的起源具有类似的地方,其起源具有多源性。

（五）贵州少数民族体育文化的社会意义

文化是一个国家、一个民族的精神家园,反映着一个国家、一个民族的价值追求、道德准则、精神面貌及行为特征。民族文化是一个民族的血脉和灵魂,是国家长治久安的根柢。中华优秀传统文化是中华民族的精神命脉,是我们的"根"与"魂",积淀着中华民族最深沉的精神追求,是中华民族生生不息、发展壮大、不断铸就新辉煌的丰厚滋养。贵州少数民族体育文化是中华民族文化不可或缺的重要组成部分,为增加中华民族文化的凝聚力和感召力,形成你我互有,互不分离,具有共同身份认同和共有精神家园的民族共同体做出了重要的贡献。

1. 贵州少数民族体育文化为中华优秀传统文化做出了重要贡献

中华优秀传统文化一直是中华民族历史上战胜种种艰难险阻,不断进步的力量之源、情感之源、动力之源和信心之源,是中华民族伟大复兴的精神支柱,是培育和践行社会主义核心价值观的深厚营养源,也是实现伟大复兴中国梦的重要精神支撑。而中华优秀传统文化则是由多个民族的文化小传统和中华民族的文化大传统聚合而成的一个动态复合文化体系,贵州少数民族作为中国少数民族的一部分,在民族文化的交流中,少数民族体育文化发挥了重要作用，为中华优秀传统文化的形成和发展做出了自己的重要贡献。目前，中国的民族文化交流进一步扩展，交流日益频繁。对国外方面，许多国外游客被中国丰富多彩的民族文化所吸引，前往民族地区参观游览，领略我国各民族文化风情，越来越多的国外游客到贵州参观旅游，亲身感受包括少数民族体育文化在内的民族文化。对国内方面，贵州少数民族的传统体育文化在贵州内外各个民族之间，通过综合性运动会、民族运动会、旅游产业和民族文化产业开发等不同形式的文化交流，丰富着各民族群众的物质生活和文化生活，并发挥着联系民族之间的情感和维护社会稳定，传承贵州浓厚乡土文化的重要作用。

2. 贵州少数民族体育文化有助于社会主义核心价值观教育

民族体育文化被创造出来之后，逐渐成为各民族人民的文化环境组成部分和生活习惯，作为生活娱乐和技能训练的手段，经过生产生活中无数次重复实践，建立起共同遵守的规范与要求，影响和塑造着人自身，培养参与者的公平竞争意识和集体荣誉感，建立起族群所期待的社会行为模式和处世态度，促使每一个族群成员都能适应自己的文化，形成适应族群文化的行为规范，并逐渐成为维系民族精神的纽带和保持民族凝聚力的工具。同时，民族体育文化传递出的精神价值、运动审美、价值取向和思维方式所塑造的社会文化环境，可以维护和加强民众的道德观念，促进民众养成良好的生活习惯。贵州少数民族传统体育文化在世代相传、满足身体健康和提高机能水平需求的同时，也追求个人道德修养和集体责任意识，体现着民族凝聚力和民族自豪感。比如，在土家族摆手舞的《摆手歌》中，就描绘出土家族的兄弟齐心擒雷公的故事，体现着维护民族大团结的优良传统。[12]民族传统体育文化和社会主义核心价值观具有共同的思想源泉，二者同宗同源，一脉相承于中国传统文化思想，都是产生和发展于中华民族文化环境中，两者在和谐理念、以人为本、爱国精神、自强不息等民族精神方面存在着逻辑联系。民族传统体育文化与社会主义核心价值观蕴含着共同的优秀传统精神，两者产生着积极的共鸣。[13]贵州的少数民族体育文化活动可以将社会主义核心价值观教育推向生活化、大众化，借助民族传统体育文化的广泛群众基础，让社会主义核心价值观在基层群众心中落地生根。

3. 贵州少数民族体育文化发展促进中国特色体育强国建设

2019 年 8 月，体育强国建设经由百年前先贤的呐喊变为我国体育发展中的正式纲领性文件，体育强国建设的目标、任务及措施得以明确，“体育文化”成为纲领中最重要的关键词之一，体育文化事业发展已经上升为国家的具体战略，大力弘扬中华体育精神，传承中华传统体育文化，丰富人民的体育文化生活，成为其重点任务。虽然我国的体育综合实力与世界体育强国之间仍有一定的距离，但是可以说竞技体育实力已经位居世界前列。然而，我们明显可以看到，竞技体育的强大是表现在西方体育项目的强大上，举办的赛事完全按照西方的规则进行，我国的民族体育对当今世界体育的贡献度较低，我国要建设的体育强国是中国特色的体育强国，这就需要中国民族体育的强大，以中国独特的民族体育文化体现中国特色体育强国之特色。贵州少数民族体育文化作为中国民族体育文化的典型代表，其发展和繁荣有助于中国体育强国建设，有助于体现未来中国体育强国的特色。当前贵州依托民族特色体育资源，聚焦山地户外运动和民族传统项目，正走出一条极具贵州民族特色的体育新路，也是对中国特色体育强国建设的推动。

4. 贵州少数民族体育文化认同是贵州文化建设的精神动力

文化自信是最根本的自信，具有最持久的力量，中华优秀传统文化是我们最深厚的软实力，是我们文化自信的坚实根基。文化自信来自文化认同，文化认同本质上是民族的自我认同，即一种文化得到同一民族群体的一致认可，形成了共同的思想意识、价值系统、心理特征和行为方式，进而生成对文化的倾向性和归属感。文化认同是一个国家和民族稳定与发展的基础，是其精神软实力，是推动文化建设的精神动力。尊重少数民族文化及其文化价值认同是保障民族地区稳定和发展的前提。贵州大力发展和繁荣文化事业，民族传统体育文化充满活力，引人入胜，具有强大的感召力和凝聚力。民族文化通过体育文化活动，寻求体育情感认同的内在规律，可以建构起强大的民族凝聚力，对加强民族体育的文化归属有着重要的导向价值。少数民族传统体育文化作为民族传统文化的组成部分，有着重视情感交流的特点，其传承与保护推动传统体育文化的创造性转化和创新性发展。比如，贵州黔东南苗族原生态民族体育舞蹈——千人木鼓舞，参与者集体行动，整齐划一，增强了群体意识和民族认同感。多彩贵州民族特色文化是贵州各族人民最美好的精神家园，承载着贵州的人文精神，将为贵州民族文化繁荣，经济社会发展提供坚实的文化支撑和精神力量。

5. 贵州少数民族体育文化发展助力贵州民族文化强省建设

贵州所拥有的丰富而独特的少数民族文化资源优势是中国众多省份所无法比拟的，是名副其实的民族文化大省。贵州省依托自身民族文化优势，于省委十一届六次全会提出多彩贵州民族特色文化强省建设的大战略，并通过《关于建设多彩贵州民族特色文化强省的实施意见》予以落实。贵州少数民族体育文化是贵州民族文化大观园中最具生机和活力的组成部分，其发展是多彩贵州民族文化强省建设不可分割的元素。贵州的体育发展正在精心布局、全力谋划，倾心书写多彩贵州体育事业新华章。在《关于加快发展体育产业促进体育消费的实施意见》中明确提出，要打造山地民族特色体育大省强省。贵州多年来坚持举办民族运动会，利用运动会的轰动效应推动并吸引着人们关注少数民族体育文化，推动了其传播和发展，有助于加快贵州民族文化强省建设的步伐。

6. 贵州少数民族体育文化产业开发可助力贵州经济高质量发展

体育产业是朝阳产业，民族体育产业与其他民族特色产业相互融合，可成为一种新型的具有较大经济价值的新兴产业，可以为社会经济发展做出新的重大贡献。贵州少数民族传统体育文化，种类繁多，资源丰富，蕴藏着巨大的经济市场。文化经济学理论告诉我们，哪里有文化，哪里迟早就会经济繁荣。贵州无数个特色城镇、乡村依托独特而丰富的民族体育文化成为游客青睐的旅游目的地，实现了经济富裕；当地民族体育文化能人凭借高超的传统技艺成为脱贫致富的带头人。在贵州完成国家脱贫攻坚战略任务的新形势下，大力发展贵州文化产业，做优做强特色，将民族传统运动项目融合进体育市场和旅游市场的开发战略，配合贵州国际一流山地旅游和国内一流度假康养目的地建设，巩固脱贫成果，打造具有世界知名、国内影响一流的民族特色体育文化旅游品牌，推动贵州建设旅游强省和山地体育强省，从而形成较为全面的体系，为单一的体育文化旅游增添了贵州文化独特的人文魅力，最终为贵州的经济社会高质量发展提供新的增长点，成为推动经济社会发展的强大力量。

四、贵州少数民族体育文化政策梳理

(一)贵州实施少数民族体育文化政策的重大意义

社会主义文化的发展与繁荣关乎民族与国运的兴衰,关系民族伟大复兴任务的成败。2017 年党的十九次全国代表大会将加强中国特色社会主义文化建设正式写进了党的章程,成为我国民族文化政策决策的坚实思想基础和根本遵循。中华民族文化的发展与创新都离不开我国文化政策的支持、推进和导向,贵州少数民族体育文化作为中华民族文化的一个重要分支,其发展同样需要科学完备的少数民族体育文化政策体系的保驾护航。可见,贵州少数民族体育文化政策有着非常重要的现实意义。

1. 保障贵州少数民族体育文化健康发展

在中国这样一个多民族国家的历史发展长河中,各民族都具有自己鲜明特点的民族文化,其形态各异,内涵丰富。贵州少数民族体育文化便是其中浓墨重彩的重要一笔,是中华民族优秀体育文化不可或缺的重要精神财富和绚丽瑰宝。不管从何种角度进行考量,少数民族体育文化都应理所当然地得到保护和尊重。贵州的少数民族体育文化政策正是基于尊重、保护、彰显、传承和发扬少数民族体育文化而产生的,通过政策的强制性、规范性和导向性功能，尊重少数民族的专属文化权利，为少数民族体育文化的保护与发展创造良好的发展空间。贵州少数民族体育文化政策的引导、调控、分配、扶持等功能的充分发挥，能够引领少数民族体育文化发展方向、合理调配体育文化资源、推进少数民族体育文化的保护、传承和发展。

2. 以体育文化产业促进当地经济的发展

马克思主义文化理论在深刻论述文化发展与经济基础之间的关系时指出，文化是在人类的社会生产实践中创造的，经济基础是文化得以存在的根源。同时也指出，文化对于经济运行、社会发展具有巨大推动力，说明了文化与经济之间相互关联、相互渗透、相互作用的辩证关系。也就是说，对文化进行合理开发，可以对社会经济发展做出重要贡献。贵州这样一个少数民族体育文化丰富的省份，社会经济发展起步相对薄弱，社会整体发展水平滞后于我国中东部地区，缩小与中东部地区发展差距、实现共同富裕是贵州各族人民的迫切愿望。极具特色的贵州少数民族体育文化产业开发成为经济发展的新增长点，有助于这一愿望的实现。这就需要科学的少数民族体育文化产业政策进行引导和扶持，合理配置民族体育文化优势资源，使之成为经济社会发展的催化剂。目前贵州的少数民族文化产业政策在促进民族文化产业发展，推动地方经济繁荣等方面初见成效，形成和打造出了诸如“黔银”“黔艺”“黔节”等首批 11 个“黔”系列民族特色文化产业品牌。在“黔节”当中的民族节日里，各少数民族传统体育活动开展得轰轰烈烈，逐渐扩大了民族体育文化的影响。民族体育与特色旅游相结合而形成了具有贵州特色的少数民族体育文化品牌，吸引着全国乃至世界游客前来，成为少数民族地区经济增长的又一发力点，在满足人民群众精神需求的同时，又促进了当地经济的发展和进步。

3. 引领各族人民推进共同精神家园建设

文化的力量是无穷的。中华民族有着“以文化人”的长久传统，善于用文化浸润人心、凝聚力量。中华大地上的各民族文化虽然千姿百态、形态各异，但总能在文化的交流当中架起沟通的桥梁，存异求同，拉近彼此的距离，营造出一种费孝通所说的美美与共、和而不同的和谐场面，各民族间的理解在加深，矛盾在消除，形成了共同的文化实质、价值追求和精神内核，中华民族共有精神家园开始建立起来，中华民族共同体意识随之产生并逐步深化，共同为国家社会的发展贡献力量。当今时代，正值中华民族万众一心，实现民族伟大复兴的关键时刻，全国各族人民理应团结一致，以磅礴的伟力，共同铸就民族复兴伟业。这就需要民族文化政策的引导和辅助。贵州少数民族体育文化政策以保护、传承和发展少数民族体育文化为出发点和归宿点，通过政策的导向功能，引领少数民族体育文化的发展，增强其号召力、感染力、驱动力，使少数民族民众对本民族文化产生强烈的认同感，最终推动各少数民族以强烈的责任感和使命感建设家乡，构筑共同的精神家园。

4. 可以提高少数民族体育文化的影响力

少数民族体育文化政策是由中央和地方政府所制定的一系列关于少数民族体育文化保护、传承、发展相关制度、法律、法规、条例、政策、规划、方案、通知、意见、批示和领导讲话以及采取的行动措施等的总称。可见，少数民族体育文化政策具有特别突出的官方特征，在中国这样一个政府具有高度权威性和认可度的社会里，少数民族体育文化有了官方的认可和支持，无疑会提高少数民族体育文化在广大少数民族群众中的地位和影响力。同时，在少数民族体育文化政策的调查、决策、宣传、执行和评估等不同的政策阶段，都以不同的方式传播着少数民族体育文化。少数民族文化政策的意义在于四个方面：一是通过政策的支持，大力传承少数民族文化，全面提升其文化地位，增强其文化自信；二是通过政策的前瞻性特质，积极谋划少数民族文化的发展前景，维护民族平等与团结；三是在政策的控制与引导下，保障少数民族文化在继承与创新基础上能够展现独特的文化魅力，提升其文化影响力；四是通过政策的执行，丰富了广大群众，特别是少数民族群众的精神生活，有助于实现其对美好生活品质的追求。

5. 可以助推中国社会主义文化强国建设

在世界近代史之前，中华文化无疑是强盛的，不仅长久地滋养着一代又一代的中华儿女，而且还辐射到周边众多国家，形成了具有广泛影响的中华文化圈，充实着人类文化宝库，深刻影响着世界文化。近代以来，随着国家的衰落，西方文化的全球化扩张，中华民族文化风光不再，从文化强国的地位上滑落。新中国成立后，在马克思主义文化理论的指导下，党和国家出台了一系列文化政策，用以维护悠久的历史文化传统，并不断推动文化创新创造，借此来提振中华民族的文化自信。目前，我国正大步流星地迈进在现代化强国建设的新征程上，重建文化强国自然成为各族人民的强烈愿望。少数民族文化的复兴与发展顺理成章地成为中国特色社会主义文化强国建设的重要内容,理应给予政策上的引导和支持。事实上,我国与民族文化相关法律体系和各级少数民族文化政策皆以引导发展方向,促进民族地区经济发展,丰富少数民族民众的精神文化生活为根本任务,在少数民族文化的保护、传承、传播、发展、弘扬等方面发挥着重要的指导协调作用,挖掘各民族文化的发展优势,提升其文化影响力,积蓄少数民族文化力量,助推文化强国的早日实现。贵州少数民族体育文化政策因应国家需求,在民族文化振兴的道路上成为推动少数民族体育文化守正创新的重要手段,贵州的少数民族体育文化也因此得到了肯定和尊重,进而得以有效地传承和保护,其文化精髓也得以升华,这对提升我国少数民族人民群众的文化自信、推进少数民族文化繁荣发挥着至关重要的作用。[14]

(二)国家级少数民族体育文化政策梳理

1. 综合政策中的少数民族体育文化政策

新中国成立之初的1949年,我国就在中央民族委员会专门设立了文教司,负责管理少数民族文化事务。同年,我国制定的《中国人民政治协商会议共同纲领》中明文规定,我国的少数民族拥有发展各自语言文字、保持或者改变自己民族风俗习惯和宗教信仰的权利。1950年,中央人民广播电台成立民族部。1951年,文化部设立民族文化司。1956年12月,我国在北京召开首次全国少数民族文化工作会议,会上文化部副部长和中央民委副主任都作了关于民族文化和民族政策的报告。1958年8月，中国科学院民族研究所组织了16个少数民族社会历史调查小组，分别奔赴贵州等16个民族地区进行社会调查。1961年3月，文化部和中央民委在国务院的指示下，商讨设立民族历史研究工作指导委员会和民族文化工作指导委员会的相关组织事宜。1982年12月，我国制定并通过的《中华人民共和国宪法》中的第四和第一百一十九法条对民族地区的经济、民族文化和体育事业都有明确的规定，第四条为“国家根据各少数民族的特点和需要，帮助各少数民族地区加速经济和文化的发展。”第一百一十九条为“民族自治地方的自治机关自主地管理本地方的教育、科学、文化、卫生、体育事业，保护和整理民族的文化遗产，发展和繁荣民族文化。”[15] 1991年，中共中央、国务院发布《关于进一步贯彻〈中华人民共和国民族区域自治法〉若干问题的通知》，提出将民族自治地方的文化馆、图书馆、文化站以及村级综合文化活动场所设施建设成为加强和拓展包括民族体育文化在内的社会主义思想文化传播阵地和少数民族文化交流发展阵地。2020年，国务院在发布的《关于抓好“三农”领域重点工作确保如期实现全面小康的意见》中，将“扶持少数民族文化发展”等内容确立为少数民族地区“三农”领域的重点工作，用以提升少数民族文化的发展水平。

2. 民族政策中的少数民族体育文化政策

我国历来就非常重视民族体育文化工作，颁布有一系列与民族体育文化相关政策，保障民族体育文化的传承与发展。早在新中国成立之初的1949年12月23日，当时政务院就颁布了

《全国年节和纪念日的放假办法》，保证了少数民族地区部分重大民族节日的假期，为民族节日开展少数民族体育文化活动提供了时间上的保障。1980 年 8 月，文化部和国家民委联合发布《关于做好当前民族文化工作的意见》。1984 年 5 月 31 日，我国制定了民族政策的基本法——《中华人民共和国民族区域自治法》，其中明确规定，民族自治的地方机关可以自主地发展民族文化事业，“开展民族传统体育活动，增强人民体质”。[16]

我国 1984 年的文件《转发国家民委〈关于抢救、整理少数民族古籍的请示〉的通知》同样对少数民族体育古籍发生效力。1987 年 4 月，中共中央和国务院批转了统战部和国家民委的《关于民族工作几个重要问题的报告》。江泽民同志也曾经在 1992 年 1 月的民族工作会议上要求，努力发展民族体育，提高少数民族身体素质。[17] 1998 年 9 月，我国国内第一份《关于加强少数民族文物工作的意见》出台，指导着包括体育文物在内的民族文物工作。1999 年 9 月，国务院新闻办公室发布《中国少数民族政策及其实践》的规范性文件。2005 年，国务院明确规定要定期举办全国 55 个少数民族都要参加的少数民族传统体育运动会。同年召开的另一个重要的中央民族工作会议上，以会议文件的形式提出我国少数民族体育当前的工作要围绕着举办好民族体育运动会的中心任务进行。[18] 为了弘扬优秀民族文化，这一年，我国又发出《关于运用传统节日弘扬民族文化的优秀传统的意见》。2007 年、2012 年、2017 年和 2021 年，我国分别出台少数民族事业发展“十一五”“十二五”“十三五”和“十四五”规划，其中都将少数民族体育文化视作其重要内容，对其发展予以规划。2008年的《关于进一步加强少数民族古籍保护工作的实施意见》和2009年的《关于进一步繁荣发展少数民族文化事业的若干意见》两部文件，加大对少数民族体育古籍保护的指导，大力鼓励各地举办与当地实情相适宜的民族体育文化展示和民族体育活动，继续开好全国的民族运动会，推进文化事业与教育、体育等行业的融合与联动发展。2013年，我国为保护作为民族体育文化载体的少数民族特色村寨，发出了《关于印发开展中国少数民族特色村寨命名挂牌工作意见的通知》。2015年，国务院印发的《关于加快发展民族教育的决定》对民族地区的教育工作进行部署，提升其教育水平，并专门指出，要"在少数民族地区各级各类学校当中开设本地区、本民族传统体育选修课程"，使少数民族学生在运用民族传统体育项目强健体魄的同时，自觉了解和传承本民族的传统体育文化。2016年，我国再度将民族地区发展纳入国民经济社会发展之重要内容，发出《关于印发"十三五"促进民族地区和人口较少民族发展规划的通知》，对民族地区，尤其是人口较少民族的全面发展予以高度支持。

3. 文化政策中的少数民族体育文化政策

1982年，中国文化领域中的最高法《文物保护法》(该法先后分别于1991年、2002年、2007年和2013年修正)得以贯彻实行，是当时我国文化领域的最高立法，文物保护工作有了法律依据，可以将该法视为中国少数民族体育文物走上法制化保护的重要标志。2000年2月，文化部和国家民委联合发布《关于进一步加强少数民族文化工作的意见》，确立了新世纪少数民族文化发展的阶段性目标和任务，以克服少数民族文化发展的盲目性。2000 年 5 月，文化部发布《关于实施西部大开发战略加强西部文化建设的意见》，为身处西部的贵州少数民族体育文化提供了良好的发展机遇。2001 年，文化部出台《关于贯彻落实“三个代表”重要思想 进一步加强农村文化工作的通知》。2002 年 4 月，文化部再次发出《关于进一步活跃基层群众文化生活的通知》。文化部的这两个通知为身处农村基层的民族传统体育文化活动的开展提供了政策支持，搭建了发展平台。2011 年 10 月，中共中央做出《关于深化文化体制改革推动社会主义文化大发展大繁荣若干重大问题的决定》。2017 年初，颁布《关于实施中华优秀传统文化传承发展工程的意见》，实施中华优秀传统文化传承发展工程，推动中华民族优秀文化传承发展，要求在加强少数民族传统体育文化传承保护的同时，注重相关文化项目的整理和研究工作，并不断推动少数民族传统体育文化保护传承工作走向规范化、标准化和科学化。

4.“非遗”政策中的民族体育文化政策

20 世纪 70 年代以后，在全世界范围内开始认识并重视文化遗产的重要价值，加强了对文化遗产的关注与保护，联合国教科文组织在此当中发挥着不可顶替的作用，分别于 1972 年、1989 年和 1998 年制订了三项文化遗产保护的政策法规，即《保护世界文化和自然遗产公约》《关于保护传统和民间文化的建议》和《宣布人类口头和非物质遗产代表作条例》。进入 21 世纪，我国加大了对国际文化遗产保护形势的呼应，2001 年加入《世界文化多样性宣言》，2003 年加入《保护非物质文化遗产公约》,我国的非物质文化遗产保护从此开始与国际社会接轨并保持一致。同时,关于“非遗”的政策法规文件也开始在国内紧锣密鼓地加以制定和出台。2004 年就有《关于实施中国民族民间文化保护工程的通知》及其《实施方案》出台。2005 年更多,这一年就有多达 5 部与“非遗”密切相关的文件产生,即《关于开展非物质文化遗产普查工作的通知》《关于加强我国非物质文化遗产保护工作的意见》《国家级非物质文化遗产代表作申报评定暂行办法》《非物质文化遗产保护工作部际联席会议制度》和《关于加强文化遗产保护的通知》,表明我国对“非遗”保护愈发重视,保护力度更为强大。我国“非遗”保护的指导思想、基本方针及总体目标在这些政策中都得以明确。同时,明确将 2006 年及之后每年 6 月份的第二个星期六确定为“文化遗产日”,在每个遗产日开展相应的主题活动,以提高全社会对文化遗产的关切。2006 年、2007 年、2008 年和 2009 年连续 4 年,我国再度接连出台五项“非遗”文件:《国家级非物质文化遗产保护与管理暂行办法》《关于公布第一批国家级非物质文化遗产名录的通知》《关于印发中国非物质文化遗产标识管理办法的通知》《国家级非物质文化遗产项目代表性传承人认定与管理暂行办法》和《关于进一步繁荣发展少数民族文化事业的若干意见》。2010 年,《关于加强国家级文化生态保护区建设的指导意见(2010)》规章出台。2011 年,国家出台《非物质文化遗产法》,我国“非遗”的法制化有了实质性进展,也规定了国家在非物质文化遗产保护中的义务,定下了“真实性、整体性和传承性”的保护要求及命名、分级、奖惩、保密、经费保障等方面的制度。2012 年,中国《关于加强非物质文化遗产生产性保护的指导意见》和《国家“非遗”保护专项资金管理办法》形成。2016 年我国将 2006 年起名为“文化遗产日”活动改为新名称——“文化和自然遗产日”，并从 2017 年起正式使用新名，以展演、讲学、咨询、论坛以及设置“文化遗产日奖”等形式向群众宣传文化遗产保护。2019 年，我国以《国家级非物质文化遗产代表性传承人认定与管理办法》作为依据，对国家级“非遗”传承人进行管理指导。我国 2021 年制定的《“十四五”非物质文化遗产保护规划》中要求探索与民族传统体育文化特征相适应的保护方式，支持特色传统体育文化的展演。2021 年 8 月中共中央办公厅和国务院办公厅共同发布《关于进一步加强非物质文化遗产保护工作的意见》，意在再一次强化“非遗”保护工作。以上这些国际组织和中国国家中央政府层面所推出的系列重大“非遗”保护相关的法规制度政策，均属于民族体育文化保护政策的上位政策，对体育“非遗”保护同样具有效力，其指导和约束作用同样存在。

5. 体育政策中的少数民族体育文化政策

朱德在 1949 年 10 月召开的“中华全国体育总会”成立大会上的讲话中，指出“要广泛地采用民间原有的许多体育形式”，充分肯定了民族传统体育的社会文化价值。1995 年，我国经过十多年的酝酿准备，新中国首部《体育法》终于正式出台实施，体育领域有了基本大法，该法明确国家在少数民族体育事业发展中具备扶持少数民族地区发展体育事业、培养少数民族体育人才、鼓励、支持民族、民间传统体育项目的发掘、整理和提高等诸多方面的义务。于同一年我国制定了群众体育法规——《全民健身计划纲要》，该纲要中要求，建立少数民族体育社会组织，以少数民族体育社会组织作为民族体育活动的组织者，积极组织发展少数民族体育。我国从 1995 年开始实施全民健身计划第一期工程，每五年一期，从 1995—2000 年第一期开始至今，我国已经圆满完成 5 个全民健身五年计划，每一项全民健身五年计划中都有发展少数民族体育的内容。进入新世纪不久的 2002 年和 2003 年，我国分别制定了《关于进一步加强和改进新时期体育工作的意见》《农村体育工作暂行规定》和《公共文化体育设施条例》，这三份文件要求，体育主管部门要大力支持民族体育事业发展，加大对民族地区体育设施建设的扶持力度。2009 年，我国制定了群众体育领域最高规格的法规——《全民健身条例》(2016 年修正)，该条例对县级体育行政部门在传统节庆和农闲时节组织和开展民族体育全民健身活动的责任做出了规定。2016 年，我国再一次出台了两项和民族体育发展有关的文件《“健康中国 2030”规划纲要》和《关于加快发展健身休闲产业的指导意见》，均强调保护、推广、传承和发展少数民族体育项目。2021 年 8 月 3 日，国务院颁布第 6 个全民健身五年计划《全民健身计划(2021—2025 年)》，计划中提出了推动中华传统体育项目走出去战略。2021 年 10 月，国家体育总局公布的《“十四五”体育发展规划》中提出，在“十四五”时期，促进体育文化健康繁荣发展的目标，将体育文化列为体育改革发展的 12 项主要任务之一，明确了其工作思路和重点任务。

6. 专门性的少数民族体育文化政策措施

(1)召开少数民族体育工作会议。

在改革开放不久的1981年，新中国在首都北京首次隆重举行以少数民族体育为主题的全国性会议，在会议上充分分析了民族传统体育的价值、地位和特征，强调必须坚决执行党的民族政策，以少数民族群众体质和民族体育的提高为方向，发展民族传统体育，为我国现代化建设服务等体育工作任务。[19]这次民族体育大会为保证民族传统体育走上科学健康的发展道路提供了思想指引和理论支撑。同年，为保障我国少数民族体育工作的顺利进行，原国家民委协同原国家体委研究制定民族工作方针时特别指出："要贯彻落实党的民族政策，积极开展民族传统体育与近代体育活动，提高少数民族的健康水平和运动技术水平，活跃群众文化生活，促进民族团结，为建设社会主义精神文明服务"，并首次明确提出了民族体育的方针——"积极提倡，加强领导，改革提高，稳定发展"。之后国家体委和国家民委分别于1992年、1994年和2000年接连组织召开三次全国性的少数民族传统体育研究讨论会，会后还专门组建了中国少数民族体育协会这一社会团体，中国少数民族体育协会建立之后各地方的民族体育协会也先后相继建立起来。少数民族传统体育研讨会的召开和各级少数民族体育协会的建立，对少数民族传统体育的保护与发展中问题的研究探讨得到了进一步加深，提出了相应的解决之策，对推广不同少数民族中流传的传统体育运动项目具有重要作用。党中央指出，少数民族传统体育在西部大开发战略中要做好其挖掘、整理、传承与创新工作，保障少数民族传统体育文化可持续性高效发展，服务西部地区和民族地区的大发展。[20]

(2)举办全国少数民族体育运动会。

新中国成立4年之后的1953年冬季,在天津市成功举办了世界上绝无仅有的全国少数民族体育运动会,其后被追认为第一届全国少数民族体育运动会。从1982年起,全国少数民族体育运动会的举办走上常态化、规范化和科学化的道路,定期4年一届,已经前后接连举办了十一届(见表2),这是我国少数民族传统体育领域中水平最高的竞技体育赛事,同时也标志着我国少数民族传统体育运动技术能力的最高水平,其影响也是最大的。总的来说,全国少数民族传统体育运动会的举办对党的民族政策和民族体育文化具有非常好的宣传和传播价值,对推动少数民族体育运动发展、培养优秀少数民族体育运动人才、促进各民族大团结、提升民族自信心、激发各民族人民热爱祖国的热情等方面功不可没。这项运动会向不同国家充分呈现了我国各民族的和谐、团结和兴旺,以及各民族积极向上的精神风貌。1999年,江泽民总书记为第6届全国少数民族传统体育运动会题词"发展民族体育,增强民族体质",鼓励发展民族体育。2000年以后,我国更加注重全国少数民族运动会的规范运作。国家民委和国家体育总局在21世纪之初分别于2001年、2004年和2005年前后三次联合制订《全国少数民族传统体育运动会竞赛项目立项暂行规定》《全国少数民族传统体育运动会竞赛项目立项暂行规定》和《少数民族传统体育运动会申办办法》三项关于民族运动会的规范性文件,加强了对运动会的规范,促进了运动会运作的科学化和高效化。

表 2　历届全国少数民族运动会简况表[①]

届次	时间	地点	民族数	运动员数	项目类别及数量
1	1953.11.8—11.12	天津市	13	395	竞赛 5、表演 31、特邀 4
2	1982.9.2—9.8	呼和浩特	55	863	竞赛 2、表演 68
3	1986.8.10—8.17	乌鲁木齐	55	1097	竞赛 7、表演 115
4	1991.11.10—11.17	南宁市	55	3000	竞赛 9、表演 120
5	1995.11.55—11.12	昆明市	55	9000(所有人)	竞赛 11、表演 129
6	1999.9.24—9.30	北京、拉萨	55	3422、1000	竞赛 13、表演
7	2003.9.6—9.13	银川市	55	9000(所有人)	竞赛 14、表演 120
8	2007.11.10—11.18	广州市	55	6000	竞赛 15、表演 150
9	2011.9.10—9.18	贵阳市	55	6773	竞赛 16、表演 180
10	2015.8.9—8.17	鄂尔多斯	56	6240	竞赛 17、表演 178
11	2019.9.8—9.16	郑州市	56	7009	竞赛 17、表演 194

① 数据来源:https://www.henan.gov.cn/zt/2019/298611/index.html。注:第 4、5、7 届运动会运动员数包含了工作人员

(3)制定少数民族体育政策

国务院就民族传统体育的保护与竞赛工作曾提出过以下要求:在保护方面,不同级别的体育和民族部门在民族体育项目认定、挖掘和整理过程中为了避免随意性,必须要有明确的计划和认定标准,以保证工作过程科学化和规范化,并要求保证少数民族体育项目所需要的工作经费;在运动会申办方面,要申办少数民族运动会,必须要对少数民族传统体育项目比赛活动申报方面具有支持性作用的制度和政策。1986 年,开始组织 100 多位民族体育方面的学者对我国的民族传统体育项目进行深入挖掘,目的在于编撰《中华民族传统体育志》,经过五六年的努力,1991 年完成书稿出版工作。据不完全统计,自 1978 年改革开放以来我国在民族体育工作中已经挖掘、整理出民族传统体育项目 977 项。

2006 年,国家民委和国家体育总局联合出台的《关于加强少数民族传统体育工作的意见》,分门别类地从挖掘整理和推广民族体育项目、组织民族传统体育活动、建设民族体育基地、培养民族体育运动人才、传播与宣传民族民间传统体育五个方面全面提出明确的要求和基本发展思路,并深刻指出,加强少数民族传统体育工作对西部大开发和各民族全面建设小康社会以及构建和谐社会具有重要积极意义。

在体育类“非遗”保护方面,主要有 2013 年和 2014 年发布的《中国体育非物质文化遗产保护与推广管理办法》和《中国体育非物质文化遗产保护与推广五年工作计划》。此后,体育“非遗”工作成为国家体育总局的一项日常工作。

国家体育总局和国家民委于2018年联合制订并发布了《关于进一步加强少数民族传统体育工作的指导意见》(〔2018〕9号)的通知，在通知中再次着重指出少数民族传统体育的重要性，要着力传承和普及，使民族传统体育文化能够踵事增华，进一步强调少数民族传统体育是促进各民族“三交”，增强民族传统体育活力，增强人民体质，提升其运动技术水平，壮大少数民族体育在民族地区群众的健身活动，丰富我国各族人民群众的体育生活。[21]“必须在党的十九大精神的指引下持续推动少数民族传统体育文化的繁荣发展，以此来满足新时代建设体育文化强国、深化民族团结进步的现实需要。”同时，还作出了“积极开展少数民族传统体育文化遗产的基础性、应用性研究”“注重少数民族传统体育文化的人才培养、传承创新、基地建设、交流展示工作，办好相关体育赛事”的政策部署。

(三)贵州省级少数民族体育文化政策梳理

1. 综合性的少数民族体育文化政策

贵州响应并支持国家体育与文化发展政策，早在20世纪80年代就开始制订民族体育与文化发展相关的政策和制度。贵州在1986年9月份就较早地公布了《贵州省文物保护管理办法》。1997年公布的《贵州省体育条例》经过2004年、2015年和2017年三次修订后，其中第二章社会体育部分专列出第十三和第十四条两项条款对民族体育文化进行规定，要求各级人民政府重视发展民族体育事业，着重培养和造就一批少数民族体育人才，予以资金、物资、技术及场地设施等方面的支持；积极鼓励和支持民族、民间传统体育项目的挖掘、整理、发展和提高；提出民族自治地方机关可以结合当地实际和民族传统节日，自主地发展体育事业，积极主动地开展有益于身心健康的各种民族、民间传统体育活动和竞赛。进入新世纪的2002年，《贵州省民族民间文化保护条例》公布，成为全国最早制定此类文件的省份之一。贵州省在2005年对1986年的《贵州省文物保护管理办法》进行修正，旨在适应新的文物保护形势，修正后的文件规格得到了提升，成为《贵州省文物保护管理条例》，并于2005年11月1日正式全面执行。这些政策法规为贵州民族文化的“大保护”“大开发”提供了强有力的制度保障。2008年，贵州省为适应国家文化改革的新要求，结合自身文化产业发展现状，发布了本省的《关于加强公共文化服务体系建设的实施意见》。2011年，贵州省为增强发展民族文化相关政策的操作性，制定《关于进一步繁荣发展少数民族文化事业的实施意见》，在这个《意见》中明文确定10大类政策举措，作为繁荣发展少数民族文化事业的具体抓手，对贵州世居少数民族传统体育的总体发展规划提出了最基本的、纲领性的、指引性的要求与规定。贵州省政府结合全省文化实际，分别于2006年、2011年先后出台了《关于推进文化体制改革和加快文化发展的若干意见》《贵州省关于深化文化体制改革的意见》《贵州省关于贯彻党的十七届六中全会精神 推动多民族文化大发展大繁荣的意见》等政策，推动文化体制改革和文化产业的发展。近年来，中央政府对贵州的发展给予了特别关注。为此，2012年国务院专门出台《促进贵州经济社会又好又快发展的意见》，这项文件是中央政府对促进贵州经济与社会全面快速发展的重要决策。根据文件精神，为促进贵州民族文化产业和少数民族传统体育文化发展，中央财政以转移支付的形式，不断加大财力上的根本保障和大力支持。2012 年，贵州根据形势需要，在 3 月份正式通过《贵州省非物质文化遗产保护条例》，取代 2002 年已不适应形势要求的《贵州省民族民间文化保护条例》，5 月 1 日正式施行。2014 年，贵州颁布《贵州省非物质文化遗产保护发展规划（2014—2020）》，以文件形式对省内“十二五”后期和整个“十三五”时期共 7 年时间的非物质文化保护工作列出了时间节点和任务清单，使全省的“非遗”保护工作完成效果有了具体参照。2015 年 8 月，在中央关于体育产业发展的政策精神指引下，贵州省积极行动，结合省情，发布并实施《关于加快发展体育产业促进体育消费的实施意见》，在这份实施意见中提出，大力发展少数民族体育事业，发挥民族体育基地示范引领效应，重点拓展民族体育竞赛表演、休闲体验等活动领域，加强藤球和龙舟等项目的推广和传播，全面扶持诸如摆手舞之类的一批具有贵州民族特色体育项目。为激励民族体育文化的发展，贵州省体育局联合贵州省财政厅和贵州省人力资源和社会保障厅分别于 2016 年和 2017 年制订《贵州省参加重大体育比赛奖励暂行办法》和《贵州省参加重大体育比赛保障人员奖励办法（试行）》两项体育竞赛奖励政策，对参加民族运动会的奖励进行了规定。

传统村落是民族体育的载体，贵州省 2015 年实施的《关于加强传统村落保护发展的指导意见》，以文化产业基地、文化产业园和文化产业项目为手段，将民族文化与旅游结合发展，一方面很好地保护了民族文化的村落载体，另一方面带动了经济的发展，民族传统体育融合在其中，在得到较好发展的同时，也带动了村落旅游的发展。贵州2015年发布的《关于加快构建现代公共文化服务体系的实施意见》(〔2015〕45号)，要求将民族体育文化纳入学校教育，因地制宜地实施青少年体育活动促进计划，传承和发展民族民间传统体育文化。

2016年，贵州出台两项和民族传统体育具有密切关系的重要政策:《贵州省少数民族事业"十三五"发展规划》和《贵州省体育"十三五"发展规划》，初步为贵州省少数民族传统体育在2016—2020年之间的发展指明了方向，即建设山地民族特色体育大省。2016年5月，《关于建设多彩贵州民族特色文化强省的实施意见》对其建设文化强省的实施阶段、主要任务提出了相对具体的要求，贵州少数民族传统体育的发展随之进入了大发展的快车道。在全民健身方面，发布了《贵州省2016—2020年全民健身实施计划》，在这项全民健身计划中，提出要传承推广以独竹漂为代表的一大批贵州民族传统体育文化。

2017年，贵州省的《关于加快发展健身休闲产业的实施意见(2017)》中明确提出，贵州民族、民间和民俗体育是其重要而宝贵的体育资源，诸如以独竹漂、摆手舞、龙舟、秋千、打花棍、斗角、藤球、背锣球、射弩、踩鼓舞、丢花包和武术等为代表的典型特色项目，要予以充分挖掘、扶持与推广，促进各族群众广泛参与此类民族特色体育活动;以"三月三"和"六月六"等具有较强国际知名度和影响力的民族品牌为榜样，再树立起一批具有全国或区域影响力和强烈吸引力的民族体育品牌。以2020年为时间节点，要求每个市（州）建立1个以上在国内有影响的民族体育品牌，每个县（市、区、特区）有2个以上不限级别的民族体育品牌。2019年，《关于贵州省创建全国体育旅游示范区的意见》发布，在此文件中强调，充分挖掘并开发贵州民族体育旅游资源优势，突出以独竹漂等为主要代表的传统民族体育项目，进一步开发利用好民族特色体育展演项目，不断提升民族传统体育的观赏性、娱乐性和参与性，促进民族体育的产业化发展。贵州省2020年6月通过并于当年9月1日执行的《贵州省公共文化服务保障条例》，对贵州包括民族体育文化在内的公共文化的保障进行了相关规定。2021年7月，在贵州正式颁布实施的《贵州省"十四五"体育发展规划》中着重强调，要着力抓紧抓好反映贵州山地特色的民族体育强省建设，积极创建全国体育旅游示范区，积极创造贵州民族体育事业发展新的良好局面。

2. 专门性的少数民族体育文化政策

除了在综合性体育政策中有关于少数民族体育文化政策的规定之外，贵州省也制定了专门性少数民族体育制度和政策。最主要的政策有两项，分别是2004年5月以贵州省体育局为主，省民宗委和教育厅两大行政部门全面参与、制定并发布的《关于加强和改进少数民族体育工作的意见》和《建立贵州少数民族传统体育项目训练基地的方案》两项政策，主要所涉及的内容包括少数民族体育人才的培养，项目的挖掘、整理、提炼工作，以高等院校体育院系为研究主体的少数民族体育科学研究、每一年开展两届（项）省级以上竞赛、少数民族体育基地建设策略、因地制宜地将民族传统体育纳入学校体育课程教学内容等，这些措施大多得到了有效实施，效果明显。

3. 少数民族体育文化进校园政策

贵州省是最早开展“民族文化进校园”政策的典型省份之一，并持续至今，已经有长达20年的发展历史。2002年，《贵州省民族民间文化保护条例》中就赋予教育部门，尤其是各级各类基层学校保护和传承民族文化的使命，并以《关于在我省各级各类学校开展民族民间文化教育的实施意见》加以确认，对学校开展民族文化教育的具体管理者和师资、教育形式与教育内容等诸多方面做出了原则性的规定和具体操作性的建议。自此，民族文化教育在学校教育中以不同形式全面展开。民族体育文化作为民族文化中无可替代的有机构成元素之一，也自然而然地随着民族文化全面进入学校体育教育。2003年，贵州省《关于在我省各级各类学校开展民族民间文化教育的实施意见》要求，把优秀的民族文化作为中小学素质教育全面提升的重要内容，民族体育也就顺理成章地成为学校体育教育不可缺少的重要部分。贵州省2005年《关于在全省中小学进一步开展民族团结教育工作的通知》提出，通过落实工作课时、落实教师、落实教材的“三落实”实现民族团结教育。2006年，贵州省在其“十一五”教育发展规划中要求，贵州省的民族自治区域的中小学都要开展包括民族体育在内的民族文化教育。2007年11月，贵州省教育厅和民宗委以文件的形式决定从2007年起每两年在全省学校举办一次省级民族文化教育项目学校的评选活动，第一批从143所申报学校中评选出23所民族民间文化教育项目学校，继而以文件的形式加以认定后通报全省。为改善民族民间文化进校园活动中教师力量的不足和素质能力较低的状况，贵州省教育厅多次举办民族民间文化教育师资培训班，以培养师资，提升教师素质。

2008 年 7 月，贵州省《关于大力推进各级各类学校民族民间文化教育的意见》的出台，加强了对学校民族文化教育的力度。2008 年，贵州省教育、民宗委和人事三部门为激励先进，鞭策后进，联合对评选出的 25 个民族文化教育先进学校和 50 名先进模范进行奖励。贵州省教科所为配合民族文化教育政策的实施，通过举办全省民族文化教育优质课比赛的形式，提高民族文化教育者的教育技能。2003 年和 2008 年贵州省共评选出 34 所少数民族体育传统项目学校。2009 年，贵州省下发《关于评选第二批全省民族民间文化教育项目学校的通知》和《关于评选第三批全省民族民间文化教育项目学校的通知》，从评选理念、基本原则、评选活动的范围和办法对评选活动进行规定，民族民间文化教育项目学校的评选工作在上述文件的指导和约束下，日趋走向规范化和公平化。区县教育系统为响应省教育厅的民族文化进校园教育活动，部分区县相应地制订了本区县的实施方案。2008 年，从江县教育局颁发了更为具体的《从江县教育局民族民间文化教育进校园实施方案》，这是一个微观具体的培养方案，具有较强的操作意义。2010 年，贵州省教育厅和省民宗委为进一步宣传民族文化教育成果，共同组织了民族文化进校园的优秀教育成果展览和民族文化教育师资培训活动。同年，贵州省教育厅发出《省教育厅关于认真做好全省中小学民族团结教育工作的通知》，通过民族文化教育，促进各民族的大团结。2011—2013年，短短三年时间，贵州省民族文化教育文件多达7项，即《关于印发贵州中小学民族民间文化教育成果展示活动获奖名单的通知》《关于申报第三批、第四批民族民间文化教育项目学校暨进一步开展民族民间文化教育的通知》《关于进一步加强〈民族团结教育〉和〈贵州省民族民间文化读本〉课程开设的通知》《关于举办2011年义务教育阶段〈贵州民族民间文化读本〉课程师资培训班的通知》《关于举办第五期全省民族民间文化教育师资培训班的通知》和《关于召开贵州民族文化进校园推进会的通知》。

紧随我国《关于推进职业院校民族文化传承与创新工作的意见(2013)》之后，2014年，《贵州推进职业院校民族民间文化传承创新工作实施办法》出台，对职业院校的民族文化工作予以经费上的大力支持，投入在民族民间文化教育上的经费计划每年安排500万元。2015—2016年，贵州发出《关于申报第五批民族民间文化教育项目学校的通知》《关于命名"十三五"期间贵州民族民间文化教育项目建设学校的通知》《关于组织申报第一届贵州职业院校民族民间文化教育传承创新项目的通知》《关于全面推进各级各类学校民族文化进校园工作的实施方案》《关于举办全省民族民间文化教育师资培训班的通知》等多项推进民族文化教育的政策。2017年贵州又发出了组织申报第二届职院民族文化教育创新项目的通知。这一系列措施文件在颁布实施之后，在职业院校中，包含体育在内的民族民间文化的教育工作开始步入到了规范化的运行阶段。[22]

4. 重视高级别的少数民族运动会

少数民族运动会是综合性的民族体育运动赛事之一。中国少数民族传统体育运动会一般4年一届，是民族传统体育最高规格的比赛，是各民族人民充分展现传统体育文化的重要平台，也是我国各民族人民和平相处、平等交流和民族大团结的重要表现形式。自我国1953开办第一届以来，截至2019年，全国少数民族运动会已连续举办了十一届。另外，还有一系列全国性的单项民族体育运动会。除全国性的少数民族综合运动会和单项运动会以外，我国主要民族省份绝大多数都还举办各自的省级的综合性少数民族运动会和单项少数民族运动会。贵州作为一个民族大省，历来重视少数民族体育文化的发展，不仅连续派代表团参加全国的少数民族运动会，而且还组织举办具有本省特色的综合性少数民族运动会和具有地方民族特色的单项运动会。改革开放以后，贵州开始筹办全省综合性的少数民族运动会，从1982年至今已经举办了9届（见表3），并且像黔西南布依族苗族自治州这些少数民族集中的地州市还筹备举办了市级的少数民族运动会，特别是黔东南苗族侗族自治州，已经连续举办了4届。这类运动会均具有浓厚的地方民族特色以及民间性、广泛性和业余性等色彩，深受各少数民族人民的热爱，少数民族运动会在举办的过程中不断改革、继往开来，宣传和传播了一大批民族传统体育项目，使少数民族传统体育在普及与提高、规范与约束的道路上科学化地向前发展。在少数民族运动会的影响力和轰动效应带动下，少数民族体育文化的保护与传承获得了显著的进步。

表 3 贵州少数民族运动会简况表①

届次	时间	地点	代表团数	运动员数	项目类别及数量
1	1982.5.16—5.22	贵阳	9	776	竞赛 5、表演 20 多
2	1986.5.16—5.22	贵阳	12	1300	竞赛 5、表演 50 多
5	2002.11.55—11.12	贵阳	10	2000	竞赛 7、表演 24
6	2006.11.8—11.13	贵阳	11	1200	竞赛 7、表演 25
7	2010.9.10—9.14	贵阳	16	3000	竞赛 15、表演 34
8	2014.10.18—11.23	贵阳	18	2000	竞赛 11、表演 25
9	2018.11.5—11.11	贵阳	18	2000	竞赛 10、表演 22

5. 少数民族传统体育基地政策

少数民族体育基地在少数民族体育的普及、发展以及保护中发挥着重要的作用，是其传承发展的一项重要平台和路径。我国 2006 年 1 月的《关于加强少数民族传统体育工作的意见》发出了以少数民族体育基地推动少数民族体育发展的号召。在此前后，贵州就将少数民族体育基地的建设作为推动少数民族体育传承与发展的重要手段。2004 年 5 月，贵州省体育局、贵州省教育厅、贵州省民宗委三部门联合制定了《建立贵州省少数民族传统体育项目训练基地》，根据此方案的规定，三部门立即联合行动，于当年的 11 月 26 日就在贵阳民族中学召开了少数民族传统体育项目训练基地授牌大会，会上宣布了建立的第一批 16 个少数民族传统体育基地名单。与此同时，会上还宣布了

① 第 3 届和第 4 届相关资料缺失

《关于建立贵州少数民族传统体育项目训练基地的决定》和《贵州少数民族传统体育项目训练基地管理办法》。此后不久又出台了关于基地评估标准以及基地经费管理办法等一系列相关文件。从 2008 年开始，贵州省又先后分两批在省内高校中建立 15 个这类训练基地，第一批建立的是综合训练基地，基地分别设立在兴义民族师范学院、贵州民族大学和铜仁学院三所高校，第二批建设的是单项训练基地，共计 12 个，以三部门发出的《关于建立我省第二批少数民族传统体育基地的通知》文件正式加以确定。贵州截至 2009 年前后相继建设了一共 34 所此类基地，从数量上看排在全国各省份的前列。在中央关于发展体育产业的 46 号文下达不足十个月的时间内，贵州省迅速行动，2015 年 8 月发布并实施的《关于加快发展体育产业促进体育消费的实施意见》，特别强调要发挥民族体育基地对民族体育文化传承与发展的示范引领作用。2016 年，贵州省制定的《贵州省 2016—2020 年全民健身实施计划》提出，要在 2020 年将民族体育基地建设到 45 个。2018 年，贵州下发《关于命名第三批贵州少数民族体育基地的通知》(黔民宗发〔2018〕28 号)，对 2016—2017 年申报的省级少数民族体育基地的情况进行了全面考察与评估，根据考察结果，评选出榕江县民族中学等 13 所学校作为第三批省级少数民族体育基地。至此，贵州建设的少数民族体育基地的数量已经达到了 49 个之多，超额完成《贵州 2016—2020 年全民健身实施计划》提出的 2020 年建设 45 个少数民族传统体育基地的规划任务。

(四)贵州省级以下基层少数民族体育文化政策梳理

1977年之前,我国对于民族文化的传承与保护意识还不强烈,贵州省保护民族体育运动的法规、政策也比较少。改革开放以后,特别是从1987开始,贵州省保护、传承与发展民族体育的法规、政策明显增多,贵州省人大及其常委会,民族自治州、自治县人大及其常委会结合贵州省情,依据我国的民族体育法规、政策,制定了一系列符合地方民族特色的政策。

首先是一批民族自治条例,主要有黔西南布依族苗族自治州、黔东南苗族侗族自治州和黔南布依族苗族自治州的三部州级的民族自治条例,还有三都水族自治县、威宁彝族回族苗族自治县、务川仡佬族苗族自治县和沿河土家族自治县四个县级民族自治条例,这些民族自治条例对本地区自治根本原则、机构设置、相关职权、工作机制以及其他的重大问题进行了明确规定,是民族自治地方开展各项事务的综合性基本依据,也是各自治地方开展少数民族体育相关文化活动的根据和准则,同时,其中也有对少数民族体育文化的保护、传承和发展做出的相关宏观层面的规定。

其次是一批政府发布的与民族体育文化相关的意见和政策,也都对少数民族体育文化的挖掘、保护和推广予以政策支持。通过梳理发现,近年来,主要有以下政策文件对少数民族体育相关的事务进行了规定。

2018年,黔西南州人民政府办公室发布的《关于加快发展健身休闲产业的实施意见》中特别提出,充分挖掘黔西南的民间体育资源，发展武术、龙舟等民族特色体育活动，扶持独竹漂、打花棍、押加等少数民族传统体育项目，并着力将“三月三”“六月六”“八月八”等一批具有吸引力的区域性民族特色传统节日打造成体育品牌赛事。

2016年，六盘水市人民政府办公室印发《关于加快发展体育产业促进体育消费的实施意见》，文件提出“建设具有民族、民俗、民间特色，贴近群众生活的湿地公园、登山健身步道等户外公共体育设施。”“积极构建以品牌特色为主导，群众体育、职业体育竞赛表演、民族传统体育竞赛表演互为补充的体育竞赛表演市场格局。”另外，在第十一部分“加强体育文化宣传和推广”中还特别提出“加强对民族民间体育活动的保护、推广、普及和提高。”2020年遵义务川仡佬族苗族自治县民族体育馆建成，为民族体育的发展创造了良好的场馆设施条件。

黔东南州当前体育建设的目标是打造山地民族特色体育强州。为此，黔东南州对全州的体育事业发展进行了全盘布局，制定了大量与民族体育文化相关的政策，采取了一系列行动。早在2008年就开始对在少数民族传统体育发展中做出贡献的单位和个人进行奖励，当时对全国第八届少数民族传统体育运动会有功单位和个人的奖励金额就达100.71万元。2016年，黔东南州在《关于进一步加强老年体育工作的意见》中，提出“结合自身优势挖掘、规范、推广一批具有本地特色、适合在老年人中开展的体育健身项目。”要求广泛开展老年人体育健身活动，实行民族传统项目与现代新型项目并举。2016年的《黔东南州体育“十三五”发展规划》中，对山地民族体育做出相关规定，要求

“推进山地民族特色体育强州可持续发展”。如今，黔东南州借助民族文化优势，着力打造包括健康旅游、健康服务等在内的多个领域的大健康产业体系。截至2022年，黔东南州已经连续举办十届黔东南州运动会暨少数民族传统体育运动会。

2015年12月，黔西南州制定的《关于进一步加强全州老年体育工作的实施意见》提出要“结合自身优势挖掘、规范、推广一批具有本地特色、适合在老年人中开展的体育健身项目，广泛组织发动老年人参与体育健身活动，不断扩大老年人体育人口。”

2021年，安顺市在经过2021年7月2日至2021年7月31日长达一个月征集意见后，修订的《“十四五”体育发展规划》中指出，安顺市的民族体育综合实力持续提升，并在规划中的第八条“大力弘扬中华体育精神和奥林匹克精神，推动体育文化高质量发展”中以专项的形式列出“传承民族体育文化”，要求“建立安顺市民族传统体育文化数据库，编撰安顺市民族体育志，开展民族民间传统体育文化传承人命名，加强少数民族传统体育项目基地建设，打造安顺市民族体育文化节交流活动，开展优秀民族民间民俗体育进校园活动。”“挖掘山地民族特色体育文化内涵，创作具有安顺特色的体育文化产品。按照‘一校一品’‘一校多品’的学校体育模式，整合原体育传统项目学校和体育特色学校，由教育、体育部门联合评定体育传统特色学校。”更为具体的要求是，认真梳理苗族、布依族、屯堡地戏等不同民族的民间传统体育项目，根据各民族体育项目实际开展传统体育教学、训练和竞赛活动，融合到学校体育的教学、训练和竞赛机制中，形成科学合理的中华传统体育训练竞赛体系，让其在校园中大放光彩。

2016 年，铜仁市的《关于进一步加强老年人体育工作的意见》中也涉及本地特色传统体育健身项目活动。2018 年的《黔南州体育发展“十三五”规划》和 2019 年的《黔南州参加重大体育比赛奖励办法》都对民族体育文化的相关内容做出了一定的规范。2022 年，黔南州连续出台《黔南州体育旅游示范区发展规划(2021—2035 年)》和《黔南州“十四五”文化广电旅游体育发展规划》两项与少数民族体育文化密切相关的体育政策。围绕体育旅游，以包括体育在内的非物质文化遗产为载体，借助民族节会，将民族体育项目打造与体育旅游项目相结合，深度诠释黔南少数民族文化和体育文化，打造具有国内甚至世界影响的黔南州体育旅游示范区。其中还特别提出，打造民族竞技运动特色小镇，举办少数民族特色的体育运动，保障陀螺、藤毽球、斗牛等具有少数民族特色的民族传统体育项目活动的开展，在国际上推介黔南州山地体育旅游项目和特色民族体育项目，树立起黔南体育旅游体系的新品牌。

2016 年 1 月，贵阳市发布的《关于加快发展体育产业促进体育消费的实施意见》中提出，“充分发挥民族体育的载体作用。围绕独竹漂、陀螺、射弩、板鞋竞速等一系列独具民族特色的民族体育项目，融合少数民族民俗民风、打造民族体育旅游运动体验区。”2016 年 12 月，贵阳市的《体育发展五年行动计划(2016—2020 年)》提出，“积极开展独具特色，类型丰富的体验性、参与性、娱乐性、观赏性强的原生态民族体育旅游和山地户外生态体育旅游项目，推进体育产业和旅游产业的有机互动。”2022 年

2月，贵阳市发布的《全民健身实施计划(2022—2025年)》在“丰富全民健身赛事活动”部分，要求“扶持推广具有贵阳特色的民族传统体育运动项目”，办好“第11届少数民族传统体育运动会”。在“促进体旅融合”中再次强调，“扶持推广武术、陀螺、板凳舞、独竹漂、斗牛等民族传统体育表演项目，打造一批有影响力的体育旅游精品赛事、精品线路和示范基地，培育体育旅游市场主体，谋划体育旅游展会或体育旅游论坛。”

五、贵州少数民族体育文化政策的现状分析

（一）贵州少数民族体育文化政策基本要素

按照政策学理论，本研究将贵州的少数民族体育文化政策的基本要素划分为政策主体、政策客体和政策环境三个组成部分。少数民族体育文化政策的主体是指通过直接或间接的方式参与到少数民族体育文化政策的制定、执行和评估的个人、团体、机构或组织。少数民族体育文化政策的客体也被称作政策对象，是指政策作用的对象，也就是在政策实施过程中所预测、协调和控制的一切对象。少数民族体育文化政策环境是指影响政策决策的产生、政策执行、政策评估以及政策终结的一切内外因素的总和，所有影响政策存在、发展及其变化的因素皆为政策环境。

1. 贵州少数民族体育文化的政策主体

政府是民族传统体育文化保护的主导力量。少数民族体育的政策主体由官方主体和非官方主体构成，官方主体即政府主体，由于民族体育文化政策的公共属性，所以政府是民族传统体育文化政策的主导力量。我国政府积极加入关于非物质文化遗产保护的国际公约，施行《非物质文化遗产法》，建立了国家、省（自治区、直辖市）、市、县四级非物质文化遗产保护政策、领导机

构和保护中心;制定了从中央到地方多级含有体育类非遗名录;经费上予以支持。鉴于民族传统体育文化的多样性,民族宗教、体育、教育、旅游、财税、文化、文物和环保等政府部门都可能参与到少数民族体育政策中来,建立沟通协调机制、统一筹划民族传统体育文化政策。

贵州省少数民族体育政策的官方主体主要包括具有少数民族体育文化管理职责的行政机构、官员和相关公务人员,非官方主体主要包括利益集团、政策专家、文化学者、大众媒体和相关群众。贵州少数民族体育文化政策的省级官方主体主要由五部分构成:一是贵州省委、省政府,主要职责是统筹省内所有民族事务;二是贵州省民宗委,是处理民族体育文化事务的主要职能部门,主要管辖与民族事务相关的一切事务,包括民族文化和民族体育文化的保护、传承与发展;三是贵州省体育局,主管全省体育工作,少数民族体育文化是其重要工作内容之一;四是贵州省教育厅,与少数民族体育文化相关的主要职责是统筹和指导少数民族教育工作,协调对少数民族和民族地区的教育援助,民族文化和民族体育进校园政策的决策、执行和评估就是在教育厅的主导下进行的;五是贵州省文化和旅游厅,与民族体育文化相关的职责在于研究拟订文化和旅游政策措施。少数民族体育文化政策实际上是一个政策体系,除此之外,还涉及其他的省级政府部门,比如贵州省财政厅涉及对少数民族体育文化发展的资金支持,贵州省审计厅涉及少数民族体育文化发展资金使用的审计,贵州省住房和城乡建设厅涉及少数民族名镇和村寨的保护与规划等。

少数民族体育文化政策在决策、执行与评估过程中很多时候并非政府单一主体所能完成的，需要多个主体间的相互沟通、协调和配合，才能充分调动社会资源，保障政策的良好运行，取得预期的政策效果。少数民族体育文化政策的非官方主体主要包括少数民族体育文化的相关利益集团（比如民族体育传承人、体育文化产业企业、民族体育文化旅游公司等）、民族体育研究学者和政策研究专家、文化学者、大众媒体和少数民族群众。民族体育传承人既是民族传统体育政策的主体，又同时是政策的客体。许多传统体育文化传承人对所传承的传统体育文化珍贵性无意识，甚至认为它们是落后的，传续愿望和动力不强，导致承载着丰富历史文化记忆的文化自然、被迫或主动流失、失传。因此，第一要务是增强传承人对传统体育文化的文化认同和文化自觉，让其认识到所承载的是本民族丰富的历史文化记忆，是本民族长期传承、创造和发展的独特文化结晶，是中国民族传统体育文化不可缺少的文化基因。第二是传承人要积极投身到实践中去，主动挖掘、回忆、整理实施和创造性地发展传统体育文化。第三是传承人遇到传承困难时应该积极想办法求得媒体、政府和企业帮助。民族体育文化企业家是市场经济下的中国民族传统体育文化政策的支持者和受益者。民族体育文化企业可以依据中国民族传统体育多样性的文化资源，创造独特的体育文化新产品并推向市场营利，实现文化发展与企业壮大的双赢。民族体育学者是民族传统体育文化政策制定的智囊团。我国的民族传统体育文化相关学者从体育学、考古学、人类学、民族学、民俗学等学科理论与方法出发，对中国各民族传统体育文化的历史渊源、社会变迁、影响因素、现代功能、存在的问题等进行了全面的研究，还可加强与国外学者以及和民族音乐与舞蹈、旅游人类学等邻近学科的合作与交流，多视角多角度地对民族传统体育文化进行全方位研究，为政府制定民族体育文化政策，为社会解决民族体育的现实问题提供理论支持和实践指导。

2. 贵州省少数民族体育文化的政策客体

贵州省少数民族体育文化政策客体即贵州省内所要解决的少数民族体育文化问题和政策作用的对象，包含人、财、物三个方面。就人这一方面而言，包括民族体育相关的机构（比如少数民族体育基地、运动队等）、个人和团体（比如民间体育绝技表演团体等）。人主要是贵州从事与民族体育文化工作相关的人员（比如民族体育运动项目运动员和教练员、民族体育项目的传承人、从事民族体育研究的学者等）以及拥有不同民族体育项目的各族人民群众，政策的目的是为这部分人员创造良好的条件，激励其更好地从事或传承、保护与发展民族体育文化。就财这一方面而言，贵州少数民族体育文化的发展与繁荣需要有资金方面的支持，发展资金主要包括政策财政资金和从社会中募集到的资金两种，不管是哪种资金都需要少数民族政策对其使用进行规范和约束，保障专款专用，杜绝浪费和腐败的产生，使资金产生最大的社会效益。就物这一方面而言，少数民族体育文化发展需要有相应的场地、器材和设施，场地的规划和建设，器材的购置、使用与管理，场馆设施的建设以及其他民族体育资源等，都需要少数民族体育文化政策来调节和统筹安排。比如，遵义市务川仡佬族苗族自治县民族体育馆的建设就是在少数民族体育文化政策调节和统筹安排下才得以完成的。

3. 贵州少数民族体育文化政策的环境

当前世界正处于大发展、大变革、大调整时期，就国际环境而言，一方面，国际政治、经济、文化环境变化深刻复杂，全球化对民族文化产生重大冲击，各民族文化面临西方化和趋同化的危险；另一方面，国际组织越来越重视文化的多样性，又给我国的民族文化带来新的发展机遇。就国内环境而言，我国在国际上的地位越来越重要，综合国力越来越强，文化影响力越来越大。经过改革开放40多年的发展，民族地区的对外开放水平不断提高，市场环境得到优化，经济发展水平、城市化水平、教育科技文化发展水平在整体上已经处在全新的历史方位，成为少数民族文化持续繁荣和发展的新环境。

(1)全球化对民族文化产生重大冲击

近现代的全球化最初发端于经济领域，其后逐渐向政治和文化领域扩展。文化开始突破地域的限制，在世界范围内进行全方位的交流与传播，既推动了文化的交融与更新，也使传统文化受到来自外部强势文化的冲击，遭到较严重的破坏。中国在全球化浪潮中，西方强势文化覆盖中华大地每一个角落，中西方文化发生激烈的碰撞和整合，既生成了新质文化，又作为一种外部力量，冲击着民族文化，使之不断进行着现代化的转型与整合。民族传统文化赖以生存的环境同样也发生着重大变化，民族体育文化随之失去滋养的土壤，面临断裂、失传和灭绝的危险。

(2)国际社会的文化保护带来的发展机遇

当今世界,文化多样性问题已经成为国际社会关注的重要问题,许多国际组织通过立法来保护文化的多样性,诸如联合国教科文组织等国际组织所制定的《教科文组织世界文化多样性宣言》和《保护非物质文化遗产公约》等国际法,旨在对不同国家和地区的民族文化多样性进行保护。在全球化进程加速发展的过程中,经济的全球化发展使生产要素加速流动,经济增速加快,一方面为文化发展与交流创造了雄厚的物质条件,另一方面推动了不同文化间的融合,这一过程促成各民族人民自我文化意识的增强,主动参与文化保护的积极性增加,不同文化间的相互学习、相互弥补的机会更多,文化之间交流的深度和广度进一步加强,推动着文化的融合。因经济全球化而发展起来的以计算机、互联网络、电子信息与通信技术为代表的新技术,加速了各民族文化的复制和传播的速度,世界范围内的民族文化在不同国家和地区的传播和交流更加便捷,新技术的使用为文化多样性发展提供了有利的发展机遇。

(3)国家良好的发展势头所带来的最佳发展机遇

当前我国的经济实力、科技实力、综合国力以及各族人民的生活水平都迈上了一个大台阶,全面建成小康社会取得举世瞩目的伟大成就,中华民族正处于最接近伟大复兴的历史新方位,社会主义中国正以雄伟的身姿昂首挺立于世界的东方。我国各行各业已转向高质量发展的历史新阶段,社会制度优越性显著,综合治理水平稳定提升,经济发展势头长期向好,商品丰富,物质基础厚实,人力资源丰富,市场空间广阔,发展韧性强劲,社会大局稳定，继续快速发展具有多方面优势和条件。我国在《十四五规划和 2035 年远景目标》中提出，到 2035 年要“建成文化强国、教育强国、人才强国、体育强国、健康中国，国民素质和社会文明程度达到新高度，国家文化软实力显著增强”。并在第三十四章第三节专门列出“传承弘扬中华优秀传统文化”的内容。“文化强国”和“体育强国”的宏伟战略，不仅为少数民族体育文化发展提供了最为直接的发展动力，更为其发展繁荣释放了广阔空间，各民族的民族体育文化已经具备实现加速发展的有利条件，少数民族文化发展正在迎来国内最好的发展机遇期。

(4)贵州的“千年之变”为少数民族体育文化开创新起点

贵州的发展深受党和国家的重视。2012 年，国务院对贵州专门出台《关于进一步促进贵州经济社会又好又快发展的若干意见》(国发 2 号文件)。之后的十年，贵州的改革发展进入了新时期，创造了赶超进位的“黄金十年”，成为贵州发展历史上最辉煌最精彩的发展阶段，取得了脱贫攻坚的伟大胜利，彻底撕下了蔓延千年的贫穷标签，大大缩小了与东部发达地区的发展差距，各族人民群众生活水平得到了很大提高，实现了“千年之变”。习近平总书记在 2021 年春节前视察贵州时，赋予贵州“闯新路、开新局、抢新机、出新绩”的新战略目标定位。2022 年初，在贵州全面开展“十四五”各项事业建设、全面进入高质量发展之际，《国务院关于支持贵州在新时代西部大开发上闯新路的意见》(新国发 2 号文件)重磅出台，全面系统支持贵州发展，大力支持贵州在新时代西部大开发上闯新路，为贵州高质量发展新的“黄金十年”扫清政策障碍。党中央、国务院对贵州人民的关爱、对贵州工作的期望、对贵州发展的重视在新国发 2 号文件中得到充分体现。在此背景下，贵州少数民族体育文化迎来了千载难逢的重大发展机遇，其巨大的发展空间和潜力将会得到激发，贵州少数民族体育文化大发展大繁荣的春天会乘着新国发 2 号文件的东风很快到来。

（二）贵州少数民族体育文化政策主要特征

1. 贵州少数民族体育文化政策地位偏低

少数民族体育文化是中华民族文化的重要分支之一，需要通过政府的民族体育文化政策对其予以尊重、认可和支持，不能因为其在现代文化和现代体育体系当中的弱势地位而得不到传承与发展。关于少数民族体育文化的政策有许多是镶嵌于各类综合性政策中，其政策文本多为导向性、呼吁性政策语言，权威性不足，难以激发各级政府部门对民族体育政策措施的重视，其地位明显不高。目前而言，贵州的少数民族体育政策相较于其他公共政策的地位同样明显偏低。究其原因，经济效益是一个地区发展的主要标志，贵州的总体经济水平与东部地区具有较大差距，贫困人口数量全国第一，贵州坚持把脱贫攻坚视为一等一的大事和第一民生工程，经济政策成效举世瞩目。2012 年，贵州贫困人口数量为 923 万，到 2019 年贫困人口减至 30.83 万，57 个贫困县脱贫摘帽，一举成为我国减贫脱贫的奇迹。[23]经济政策中的脱贫政策成为贵州近年来最重要的政策。相对于其他类型的公共政策，诸如教育政策的社会关注度高，科技政策可以带来直接的经济效益，卫生政策可以带来明显的健康利益，并且一般可以在短期内获得直观利益，而民族体育文化政策的效益则需要一个长期的过程才可以显现，并且其效益也非不直接，普通大众的感受也不深刻。因此，少数民族体育文化政策在制定和执行过程中，受到的重视程度远不及其他类型的政策，尤其是经济政策，在政策体系中处于比较明显的弱势地位。这一特征在政策的数量上和独立性上也都有明显的体现。

2. 贵州独立的少数民族体育文化政策少

少数民族体育政策对少数民族体育发展起着关键性作用，关于少数民族体育的政策立法工作也取得了巨大进步。但从贵州少数民族体育文化政策的梳理来看，专门针对少数民族体育文化的独立性政策数量非常少，涉及少数民族体育的政策绝大多数是内嵌于其他的体育政策文本或教育政策文本当中。从我国最具权威性的一部系列性体育法规政策汇编——《中华人民共和国体育法规汇编》来看，目前这部汇编的最新版本对2015—2016年的法规政策进行了汇编。在这部系列性的体育法规政策汇编当中，关于少数民族体育文化的独立性政策依然非常少。在1989—1999年出版的3册汇编当中，共收录了国家法律法规153件，其中并没有涉及民族体育立法或专门规范少数民族地区民族体育，共收录地方性法规96件，其中专门规范传统民族体育的仅1件。进入新世纪以后，我国对于民族体育的发展更加重视，独立的政策文件有所增加，总体数量也仅有5项，分别是2001年的《全国少数民族传统体育运动会竞赛项目立项暂行规定》、2004年的《全国少数民族传统体育运动会竞赛项目立项暂行规定》、2005年的《少数民族传统体育运动会申办办法》、2006 年的《关于加强少数民族传统体育工作的意见》和 2018 年的《关于进一步加强少数民族传统体育工作的指导意见》。在对贵州的少数民族体育文化政策梳理后发现仅有 2004 年由省体育局、省民宗委和教育厅共同制订的《关于加强和改进少数民族体育工作的意见》和《建立贵州少数民族传统体育项目训练基地的方案》两项政策。由此可见,不管是国家层面的全国性政策,还是贵州层面独立的专门性少数民族体育文化政策的数量都是比较少的。

3. 贵州少数民族体育文化政策变迁属于强制性变迁

根据新制度经济学的理论观点,制度可以分为正式制度和非正式制度。正式制度一般由法律、法规、规章、通知以及其他明文规定的准则等构成,而非正式制度则一般是由价值观、伦理道德、风俗习惯等组成。依此推论,少数民族体育文化政策作为政府通过权力机构规定的准则和规范,即是新制度经济学所说的正式制度。从新制度经济学的制度变迁理论来看贵州少数民族体育文化政策的演变属于强制性变迁。在著名经济学家林毅夫的制度经济学理论中,强制性制度变迁是指“由政府命令和法律引入”而实行的制度变迁方式。强制性制度变迁所呈现出的主要特征如下:(1)政策主体是政府机关,具有强烈的政权性;(2)政策目标是政府预先设定的;(3)政策的执行方式是按照科层层级自上而下垂直进行的;(4)政策变迁成本低,具有明显的规模经济效应。[24]贵州的少数民族体育文化政策的变迁完全符合强制性制度变迁所具备的主要特征。以贵州专门性的少数民族体育政策——《关于加强和改进少数民族体育工作的意见》为例,该政策的制订主体是贵州省体育局、省民宗委和省教育厅这样的政府机关,在政策中预设了九项工作目标,下发的是省政府以下的各自治州、市人民政府,各县(自治县、市、市辖区、特区)人民政府等下级行政机关,通过自上而下的方式贯彻执行,决策过程是精英主导的,决策成本相对于自下而上的决策模式更低。因此,贵州省的少数民族体育文化政策的变迁属于强制性政策变迁。

4. 贵州少数民族体育文化政策的精英决策模式

我国的公共权力是由中国共产党和各级国家权力机关所掌管。中国共产党组织为公共决策的核心主体。各级人民代表大会及其常委会是地方最高权力掌管者和决策者。中国共产党领导的多党合作与政治协商制度,决定了我国的决策体制,成为中国精英决策模式的体制基础。精英决策模式是指社会中的公共政策是由少数社会精英作出主要决策,是西方多元主义政治理论所提出的一种决策模式,少数人决策是该模式的根本性标志。新中国成立以来,我国的政治决策的显著特征之一就是精英决策。在我国,虽然人大和政协作为民意的代表机构,但就其实际政治运转来看,这两个机构是由层层选拔而来的政治和社会精英构成,而非普通的人民群众。而政策的制定与执行则由各级决策机关和各级大人、政府的少数主要领导来决定,他们无一不是社会的政治精英,各类社会团体与普通群众对于领导决策的影响相当微弱。由此可见,中国社会的各类公共政策都表现出显著的精英决策特征。[25]贵州的少数民族体育文化政策也毫不例外地呈现出这一特征,属于典型的精英决策模式。还以2004

年贵州省制定的专门的少数民族体育文化政策《关于加强和改进少数民族体育工作的意见》和《建立贵州省少数民族传统体育项目训练基地的方案》两项政策为例，可以看到其政策决策主体是贵州省体育局、省民宗委和省教育厅等政府行政部门，这些部门的主要行政领导对决策起着决定性的作用。虽然在政策决策过程中，征询了民族体育相关专家的意见，但不管是行政领导还是民族体育的专家，他们是政治精英和知识精英，皆属于精英阶层。当时少数民族群众表达意见的渠道少，参政议政的能力低下，对于少数民族体育文化政策的决策产生的影响微乎其微。贵州其他的少数民族体育文化政策的决策过程莫不如此。

（三）贵州少数民族体育文化政策取得的成就

贵州是一个有着丰富民族文化的大省。改革开放后，尤其是在新世纪的前二十年，贵州以民族文化为突破口，以错位发展为思路，制订了一系列保护和促进少数民族文化和少数民族体育文化发展的政策措施，打造了“多彩贵州”的民族文化名片，少数民族传统体育文化成为绚丽民族文化中最具活力的一部分。

1. 形成了丰富的少数民族体育文化政策

随着对非物质文化遗产保护的重视，民族体育文化的传承与发展也随之迎来了重要的发展机遇，民族体育事业越来越受到政府的重视，成为政府决策的重要内容。为了保护和传承少数民族传统体育文化，贵州省提出了建设山地民族特色体育文化强省的发展战略，在国家保护少数民族体育文化法律法规和政策的指导下，制订了数量可观、类型多样的少数民族体育文化政策，在支持少数民族体育文化的保护和发展上，这些政策发挥了引导、规范和约束的作用，为贵州少数民族体育文化的发掘、整理、传承和保护做出了重大贡献。这些政策既有综合性的，也有专门性的。综合性的少数民族体育保护政策主要是包含在民族政策和体育政策中，专门性的少数民族体育文化政策和措施主要分为三类：一是竞技类的，主要有派代表团参加全国各类单项性民族体育赛事和综合性少数民族运动会，举办贵州综合性的或单项性的少数民族体育运动会，建立与管理少数民族传统体育训练基地；二是教育类的，主要是民族体育文化进入各级各类学校的体育教育政策；三是专门性的少数民族传统体育保护方面的政策。

2. 构建了稳定少数民族体育保护模式

贵州在少数民族传统文化的保护方面大致形成了五种相对稳定的成熟模式：一是非物质文化遗产保护模式。贵州的体育非物质文化遗产在这种模式的保护下取得了显著的成绩（见表4和表5）。二是生态博物馆模式。贵州目前共建设了四个规模较大、影响较广的生态博物馆。第一个是1998年中国和挪威两国合建的，在中国和亚洲均是最早的梭嘎苗族生态博物馆，同年的10月31日该馆正式开馆。1999年12月，中挪两国又再次合作建立了黎平堂安侗族生态博物馆。同年贵州省政府又同意建设花溪镇山和锦屏隆里两座生态博物馆，与之前的博物馆共同构成了贵州民族文化生态博物馆群，他们在保护和传承包括少数民族体育文化在内的民族文化中发挥了重要作用。三是传统村落保护模式。自“中国传统村落”申报工作开始，贵州省就积极参与每一次的申报，截至最后第五批次评选工作结束，贵州省已经先后有 724 个村落入选，第一批贵州入选的村落为 90 个，在之后的四批中贵州有更多的村落入选其中，第二批有 202 个村落，第三批有 134 个村落，第四批有 119 个村落，第五批有 179 个村落，五次合计的数量在全国所有省份中排在第二位。四是少数民族特色村寨保护模式。2013 年，国家民族事务委员会启动少数民族特色村寨挂牌工作，迄今为止已开展了四个批次的命名挂牌活动，在这四个批次命名挂牌活动中，贵州一共有 337 个村寨入选，每次被命名的村寨数量分别有 62 个、151 个、99 个、25 个，总数量在全国各省份中排名第一。另外其他的保护模式还有如："民族文艺之乡""民族民间文化进校园"、节庆表演、社会体育活动、民族运动会竞技等，这些丰富的保护模式都把少数民族体育文化包括在内，正是因为这些多元保护发展模式的综合运用，才成就了贵州少数民族文化和少数民族体育文化的多姿多彩和蓬勃发展。

3. 少数民族体育文化进校园政策成效

少数民族文化进校园是推动民族文化保护、传承与发展的重要方式，贵州早在 2002 年就开始推行少数民族文化进校园政策，是全国最早推行民族文化进校园政策的省份之一。伴随着这一政策的实行，少数民族体育文化也进入学校，成为学校民族教育的重要组成部分。民族文化进校园政策推行至今已经有 20 余年的历史，2002—2006 年可作为政策的起步阶段，这一阶段政策的执行、监控、评估等工作刚刚起步，属于探索期。2007—2013 年可作为政策的发展阶段，在贵州省体育局、教育厅和民宗委等部门的共同努力和协调下，一系列民族体育文化进校园政策得以有效实施。2014 年至今，可作为政策的完善阶段[26]，20 余年间少数民族体育文化进校园政策取得了显著成效。贵州省各级各类学校结合自身特点，积极支持民族文化进校园活动，将学校的体育教育、民族教育和美育相结合，突出民族体育在学校体育教学和课外活动中的价值，民族体育在学校快速得到发展，截至 2016 年，全省参加此项活动的学校接近 5 000 所。民族体育文化教育活动在学校中逐步呈现出常态化开展状态，据不完全统计，截至 2020 年年底，开展民族文化进校园活动的学校全省共计达到 6 000 所左右，在开展该活动的各级各类学校中，有一大批学校获得了“省民族文化教育项目学校”和“省民族团结进步创建活动示范学校”的先进称号。2017 年 1 月，省民宗委和省教育厅又将 72 所学校命名为“省民族民间文化教育项目建设学校”，[27]部分学校以民族文化进行校园活动为突破口，通过该活动提高了学校的知名度，社会对学校的认可度有了明显的提升，大大激发了各类学校进一步传承民族文化的积极性。

4. 贵州体育非物质文化遗产保护的成就

1985 年，中国加入《世界文化遗产公约》以来，就一直重视民族文化和自然遗产的保护，多方争取基金保护少数民族文化，帮助地方将具有重要价值的民族文化推向世界。1995 年江泽民同志和挪威哈拉尔五世两位元首签署文化项目——在贵州六枝特区梭戛乡筹建中国第一个苗族生态博物馆，也是亚洲第一座民族文化生态博物馆。1998 年 10 月 31 日建成开馆，该馆与

1999年12月贵州省人民政府正式批准建立的锦屏隆里、花溪镇山和黎平堂安三座生态博物馆共同构成了贵州的生态博物馆群，在对外开放过程中，吸引了国内外的游客至此参观旅游，促使贵州民族文化走出大山深处，国内外的影响力逐步提高。

自2005年国务院发布《关于加强文化遗产保护的通知》和《关于加强我国非物质文化遗产保护工作的意见》以来，“非遗”保护工作提高到了一个全新的高度，在全国各省（自治区、直辖市）全面展开。国家、省（自治区、直辖市）、市、县均发布了不同级别的非物质文化遗产名录，形成了以“代表作项目”为核心的四级名录为主体的金字塔式的分级保护体系。贵州从实际出发，从制定“非遗”保护政策、优化资源配置、增加传承人经费、积极申报非遗项目等方面出发，形成了多层面、多层次推进非遗保护和传承工作体系。单就“非遗”项目申报成果方面的统计看，目前入选世界级非物质文化遗产名录的贵州“非遗”项目有1项，入选国家级“非遗”名录的贵州“非遗”项目有73项125处，入选省级的有440项，入选市州级的1 000余项，入选县级的4 000余项，各级别的“非遗”项目成果总数超过5 639项；从“非遗”保护基地和保护区来看，目前贵州分别有国家级和省级民族文化生态保护区1个和2个，有国家级和省级“非遗”生产性保护示范基地3个和28个，国家级保护区累计有4个。大量入选的“非遗”项目和保护基地的建设，充分显示了贵州在“非遗”保护工作中所取得的成就。[28]重视“非遗”工作的申报为贵州民族传统体育提供了一条重要的传承发展路径，更为其在朝向可持续化、科学化的发展道路上提供了一个重要的平台。单就体育方面的项目来讲，从 2005 年国家开展“非遗”评选工作至今，已公布了 5 批 1 557 项国家级非物质文化遗产，这中间共计有 108 项民族传统体育项目入选，而贵州入选该方面的项目比较少，仅仅有 4 个项目（见表 4）。

表 4　贵州入选国家级体育类非物质文化遗产名录情况表①

批次	发布时间	总数量	民族体育数量	贵州民族体育数量	占体育非遗比例
一	2006.5	518	15	0	0
二	2008.6	510	38	0	0
三	2011.6	191	14	2	14.3%
四	2014.7	153	14	0	0
五	2021.5	185	27	2	7.4%
合计		1557	108	4	3.7%

自贵州进行省级“非遗”项目评定工作至今，已公布了 5 批 674 项非物质文化遗产，入选其中的民族传统体育项目为 43 项，占比为“非遗”项目总数的 6.38%（见表 5），在所有五个批次的评定中民族传统体育“非遗”项目数量明显偏少，唯一超过 10%的一次是第三批。再加上市级和县级“非遗”项目，总数超过 250 项。

① 数据来源：中国非物质文化遗产网·中国非物质文化遗产数字博物馆

表 5　贵州省级民族传统体育项目类非物质文化遗产统计表①

发布批次	发布时间	总数量	民族体育数量	民族体育占比(%)
一	2005.12	91	3	3.30
二	2007.5	202	8	3.96
三	2019.9	108	13	12.03
四	2015.1	121(含扩展)	6(含扩展)	4.96
五	2019.6	152	13	8.55
合计		674	43	6.38

5. 建立了充足的少数民族传统体育基地

在关于民族体育文化的传承保护上，贵州省十分重视当地的少数民族传统体育基地的建设工作，希望通过基地建设来培养优秀的民族传统体育人才，以优异的运动成绩展示民族体育的魅力，促进民族体育的传播推广，使更多的人从了解民族体育，到关心民族体育，再到热爱民族体育，最终达到推动民族体育事业向更好的方向发展的目的。2004 年全省确立了 16 个少数民族体育基地，2008 年又确立了 18 个，2018 年再次确立了 13 个，三批共产生 47 个基地。贵州少数民族传统体育基地的建设从数量上走在了全国各省份的前列，部分基地建设处于全国先进水平，这些基地为贵州民族体育事业的良好发展做出了重要贡献。在第八、九这两届全国少数民族运动会上，贵州民族体育代表团创造了贵州民族体育的辉煌战绩，贡献最引人注目，

① 数据来源：贵州非物质文化遗产保护中心

形成了一股强劲的“贵州旋风”。比如，贵州麻江县下司龙舟训练基地不仅成功举办多届国际性和全国性的龙舟比赛，而且运动训练成绩卓越，其所属的龙舟队的成绩尤其突出，在第八届全国少数民族体育运动会上夺得了 8 项金牌，在第九届全国少数民族体育运动会上荣获龙舟比赛 17 项一等奖中的 70.6%，独占 12 项，所获一等奖数量占据贵州在这届比赛中所获一等奖总数的一半。据统计，该基地从 2005 年到 2012 年总共获得全国龙舟比赛金牌 39 枚，对少数民族体育发展起到了重要的引领带动作用，被贵州省体育局记集体二等功，因其突出贡献被评为全国少数民族体育示范基地。[29]

6. 少数民族传统体育的竞技成绩斐然

据不完全统计，从 1982 年 5 月到 2021 年 6 月，贵州省共举办县级以上运动会 300 余次，都将少数民族体育列为重要项目，共有 7 万余人次参与其中。大型省级综合性运动会举办了十届，从 2015 年第九届贵州运动会开始专门设置了少数民族项目，将独竹漂、龙舟、射弩、高脚竞速等民族民间体育项目纳入比赛。同时贵州还专门举办了贵州少数民族运动会，到现在共举办了十届。这些赛事进一步推动了少数民族体育文化的传承和发展。对于国家举办的历届全国少数民族传统体育运动会，贵州省更是积极派出民族体育代表团参加，并且参加的规模越来越大，所取得的成绩也不断进步。比如，参加的人员人数从第一届的 7 人增加到最高峰时期的第九届的 1 032 人，在最新一届的第十一届中是 464 人。贵阳于 2011 年举办的第九届全国少数民族运动会，是贵州代表团参赛以来最为扬眉吐气的时刻，其表现最为优异，成绩达到了顶峰，其中获得一、二、三等奖的奖项分别达到了28项、31项和31项之多，在获奖总数量、一等奖数量和表演奖数量上全部取得举国注目的全国第一。更为引人注目的是龙舟项目斩获一等奖的70％以上，独占12项，独竹漂项目则包揽所有一等奖。由此可见，贵州的传统体育运动水平得到了大幅度的提高，竞技成绩斐然。[30]

（四）贵州省少数民族体育文化政策发展的历史经验

1. 坚持党对民族体育文化政策的领导

“坚持党对一切工作的领导”是中国特色社会主义建设中各项事业不断取得进步的最基本经验。党的体育政策和文化政策决定了我国少数民族体育文化发展的性质和走向，并为其繁荣兴盛指明了科学的发展道路。在长期的实践中，我国少数民族体育文化取得了重大的发展成就，这无不归功于中国共产党在少数民族文化建设和政策构建中核心领导作用的发挥。在贵州省的少数民族体育文化工作中，贵州省委同样把握着少数民族文化政策工作的领导权，结合贵州的民族特征，尊重少数民族体育文化发展的客观规律，激发少数民族群众在其民族体育文化发展上的主体精神，依靠群众的力量为贵州的文化强省和山地民族体育强省建设做出了重要贡献。

2. 坚持民族体育文化政策的人民性

贵州省的少数民族体育文化能够传承发展到今天，离不开其广阔的群众基础。贵州少数民族体育文化政策决策虽然属于精英决策模式，但并非只代表精英的利益，反映的是人民的声音，其政策初心是保留和传承少数民族群众优良精神风貌，满足少数民族人民群众真实的美好精神文化需求，最终实现广大人民群众共享文化成果的政策目标。贵州的少数民族体育文化政策虽然是在政治精英和知识精英的主导下完成的，但我国的文化传统历来强调精英的社会责任，要求精英以天下为己任，追求以民为本。再加上新中国成立后我国一直强调无私奉献和为人民服务的精神，绝大多数政治精英能够做到以人民利益为重；贵州省委、省政府在少数民族体育文化政策的决策过程中，为提高政策的质量，召集少数民族体育文化研究的相关专家参与政策制定，这些知识精英往往有着强烈的家国情怀和社会责任感，追求“为天地立心，为生民立命”的理想抱负，在为决策提供智力支持的同时夹带的私利较少，更多地发挥着技术支持和智囊的作用。因此，我们可以说，贵州的少数民族体育文化政策具有显著的“人民性”特征，坚持“以人民为中心”的政策价值取向是其永葆科学性、正确性和先进性的关键特质，也是其重要的历史经验。

3. 坚定少数民族传统体育文化自信

中华民族优秀文化给予了我们文化自信的“底气”和“骨气”，“文化自信”是全党全国理论、制度、道路等一切领域方面自信的深层来源、精神支柱和指导思想，是开展一切工作、组织一切行动、推进一切建设的深厚基础。少数民族体育文化政策体系建设同样建立在文化自信的基础之上。因此，贵州少数民族体育文化政策的制定执行与完善必须始终基于对少数民族体育文化的历史、价值和地位的科学认识之上，对其秉持理解、认可、尊重、欣赏、自信的科学态度，才能引领其走上健康良性的发展道路。贵州省是一个多民族共居的省份，共有 53 个少数民族，17 个世居少数民族，各族人民像石榴籽一样紧紧团结在一起，相互包容，共同创造出了丰富多彩的民族文化，拥有雄厚的民族文化资源。单就富有鲜明的民族特色的民族体育舞蹈来说，就种类繁多，主要有打猎舞、铜鼓舞、摆手舞、板凳舞、芦笙舞、跳堂舞、猴鼓舞、鸟兽舞、长鼓舞等。这些宝贵的民族体育文化资源是我们坚持体育文化自信的文化源泉。

4. 坚持从贵州民族体育文化实际出发

“实事求是，一切从实际出发”是我党始终坚持的思想路线和基本原则。贵州的少数民族体育文化政策的构建发展亦是如此，它坚持实事求是的原则，将贵州的社会经济发展和各少数民族体育文化的客观发展现状作为政策调整的基本出发点，保持少数民族体育政策的先进性，引领民族体育文化围绕多彩贵州民族文化强省建设战略，探索具有贵州地方特色的少数民族体育文化事业发展的政策体系，对贵州少数民族体育文化的发展既能引航定向又能保驾护航。少数民族体育文化政策是一个复杂的体系，需要在充分调查的基础上，坚持实事求是地对各个少数民族文化的历史渊源、形成成因、价值追寻、展现形式、社会价值、传承环境、发展现状等诸多客观实际做出真实判断，深入揭示其与社会发展变迁的关系和其内在发展规律，把握其在当代社会的文化特点，才能在民族体育政策的制定、执行和完善过程中做到精准施策、对症下药，实现少数民族体育文化政策与体育文化的发展同向同行。贵州少数民族体育文化政策所取得的巨大成就告诉我们，坚持实事求是是贵州少数民族体育文化政策日趋走向完善的思想法宝。

5. 坚持与时俱进地进行政策举措革新

少数民族体育文化政策的完善过程是没有休止符的，需要以人类社会的发展状况为依据，随着时代和社会的发展必须与时俱进地进行更新，其稳定性只是相对的，而其新陈代谢则是永恒的。少数民族体育文化政策的与时俱进需要不断将新的科技手段纳入其中，以科技的力量推动少数民族体育文化的繁荣发展。贵州省紫云县坚持与时俱进地进行政策创新，取得了良好成效。近年来，在西方文化的严重挤压和中国社会迅速向现代化转型的过程中，贵州许多珍贵的山地民族传统体育项目面临严重的失传风险。21 世纪初，安顺市紫云县政府在推进少数民族体育文化发展中，围绕“戈若—中国蜘蛛人”项目，大胆创新，采取新的举措，将苗族的“攀崖”技艺打造成具有世界影响的品牌活动，其重要经验之一就是，结合现代传播技术与时俱进地创新政策手段，这是值得其他民族传统体育项目所借鉴的。安顺市紫云苗族布依族自治县格凸“戈若”(外界称之为“蜘蛛人”)的“化抓”(即现代所称的“攀崖”)技艺在现代社会与西方体育文化的碰撞中不断发扬光大，使该活动成为世界攀岩活动中的一道亮丽的风景，在全国乃至世界范围内都有较大影响，成就了紫云县格凸村“国际攀岩圣地”的美誉。紫云县政府对于少数民族体育项目所采取的创新性举措主要有：一是表现在传承方式上，在攀崖技艺处于绝迹时转变思维，突破血缘传承的限制，传授给外姓人和女儿，使该身体化技艺得以传承。二是开放传播形式，与西方现代攀崖直接对话。三是对格凸攀崖技艺进行现代化的改进。[31]新时代贵州少数民族体育文化政策承载着繁荣少数民族体育文化、助力中华民族文化复兴，进而实现体育强国和文化强国的重要使命，面对广大少数民族群众对美好精神文化生活的向往和追求，其革新的步伐必须与时俱进，永葆生命力与科学性。[32]

（五）贵州少数民族体育文化政策主要问题

我国少数民族文化政策在社会主义文化发展实践中正逐步迈向成熟，已经成为文化建设中不得不倚重的重要政策力量，为我国少数民族体育文化保护、传承和发展做出了重要贡献。时代的不断发展变化注定少数民族文化政策建设是一项永无止境的历史性系统工程，对其进行调整与完善永远在路上。短板、问题、疏漏的存在是推动政策完善进步的根本动力。承认现实中存在的问题、对其加以分析和改进是少数民族文化政策完善的不可或缺的重要环节，不仅可以有效减少由政策问题引发的文化发展迟滞现象，还可以完成政策由量变到质变的飞跃，实现政策的科学化更迭。就贵州这样具有绚丽多彩民族文化的省份而言，在贵州少数民族体育文化政策的引领和保护下，贵州的少数民族体育文化得到了有效的保护和传承，丰硕的成果引人注目。我们在看到政策功绩的同时，不可否认的是，在具体的政策实践中出现政策纰漏是在所难免的，也是不容回避的。承认并正视这些政策问题与短板，是新形势下改进和完善贵州少数民族体育文化政策的基础和前提，对其进行修正和完善可以进一步提高政策的科学性和实效性，实现政策质量的提升。

1. 少数民族体育文化调查研究不够及时充分

对少数民族体育进行充分的调查，是少数民族体育文化政策决策的前提和基础。我国从 20 世纪 50 年代到 80 年代对民族地区进行的社会历史调查，对新中国民族政策的制定起到了关键性作用。调查距今已经超过四十年时间，针对少数民族地区 21 世纪以来的民族文化发展情况还缺乏全面、深入的调查研究，难以为民族文化政策决策提供充足的信息。因此，在政策的针对性、操作性和实效性等方面还有待进一步完善和提高。

少数民族体育文化政策的制定是理论指导和实践探索的具体结合。在经济发展加快、文化变迁加速的社会转型期，少数民族体育文化的传承、保护和发展面临许多新情况、新问题。比如，随着城市化发展和少数民族人口流动，少数民族体育文化的载体——村落日渐衰败，人口急剧减少，且以老人小孩居多，传统体育文化日渐式微，甚至消失。青少年对传统体育文化不再热衷，传统体育文化的传承和发展遇到严峻挑战。但与此同时，在后现代、后工业社会，新兴产业、新兴技术层出不穷，数据技术、新媒体等相继出现，也为少数民族体育文化传承、保护与发展提供了新的途径。目前，对这些新情况、新问题的调查研究还不够深入，对其内在机制的总结梳理和发展途径的理论建设还不到位，难以满足少数民族体育文化建设和发展的需要。

2. 少数民族体育文化政策体系中存在的问题

(1)少数民族体育文化政策内容结构失衡

我国少数民族体育文化政策经历 70 余年的发展，逐渐成长为一个架构完整、内容丰富、特色鲜明的政策体系，为少数民族体育事业发展铺平了道路。我国少数民族体育文化政策基本上是围绕“保护”和“发展”两个关键词进行，可以大致分为传承保护和扶持发展两大基本政策板块。同时不容否定的是，在少数民族体育政策内容中尚有不完备的地方，突出的具体表现之一是政策内容的缺失，表现之二是政策结构的失衡，导致政策效果被打了折扣，许多问题得不到彻底解决，政策绩效远达不到预期。具体到贵州的情况，同样如此。贵州少数民族体育文化政策体系同样在整体上存在着内容缺失和结构失衡的现象，即一边多、一边少的现象，造成政策效力达不到理想预期。在政策结构上，关于少数民族体育文化传承保护的宏观指导性、纲领性和原则性的政策多，所占比重较大，微观实操性的政策则相对较少，对扶持力度、发展程度、效能评估的指导性、规范性、监督性相关政策数量非常有限，并且政策内容质量参差，无法形成较大的政策集群效应；应急性和抢救性政策相对较多，常规性、常态化和前瞻性的政策相对较少，少数民族体育文化保护工作中出现临渴掘井般地应对现象，难以发挥政策未雨绸缪的引导作用。比如，少数民族文化发展中面对突发性民族体育文化问题，未经细致的调研和科学的研判过程，而仓促出台临时性、应激性、区域性的少数民族体育文化政策，增加了具体的文化建设实践和文化问题解决的难度和工作量，使政策执行陷入梗阻。在政策内容上，具有较高商业价值和具有较多人口的少数民族体育文化备受重视，得到了较好的保护和传承，呈现出蓬勃发展的势头，而商业价值低或者民族人口数量少的少数民族体育文化，政府放任其自由发展，呈现出一种选择性忽视态度，结果这些体育文化项目沦为陪衬品，仍处在面临消亡的困境，产生了不良影响。在冯霞的田野调查中，这一现象表现比较突出。2006 年以来，在政府的大力支持下，松桃县涌现了以湘黔武术气功队等为代表的十几支民族民间体育表演队伍，这些表演团队通过商业展演活动，推动苗族体育文化的传承与创新，同时也获得了丰厚的经济收益。与此同时，还在 2011 年为该地赢得了“中国民间绝技之乡”和“中国绝技研究基地”之称。在行政主导的力量下，苗族绝技探索到一条与旅游结合的新的传承与发展路径，为抢救、保护、传承、宣传苗族的武术做出了很大贡献。而经济价值不高的民族项目，则因缺乏合适的生存空间和传承发展的方向与路径，处于濒临消亡的危险境地。[33]

(2)少数民族体育产业政策问题多效益差

少数民族体育文化产业不仅是社会经济发展的重要增长点，而且以产业化的运作手段推动了体育领域各项事业的繁荣进步，满足了人民物质与精神两个方面的需要，具有重要的经济价值和突出的社会效益。虽然贵州的少数民族体育文化是贵州各族人民宝贵的精神财富，可供开发利用的文化因子众多，潜力无限，但其政策在民族文化政策中明显薄弱，亟待加强建构和完善。首先，体育文化开发政策的薄弱导致对少数民族的优秀文化的精神实质和深层内涵的挖掘与利用未能做到物尽其用，难以展示少数民族的精神风貌和深厚底蕴，无法将其文化优势全面转化为文化产业的发展强势。其次，产业政策过分强调民族体育文化产业的经济价值，而忽视了其文化内涵和价值观的传播，导致文化乱象丛生，一切目的只是从中谋财。再次，少数民族体育文化产业开发政策淡化了“以开发促保护”的政策初衷，走向了“重开发轻保护”的政策误区，导致重要文化资源受到严重破坏，阻碍了体育文化产业的可持续发展。最后，体育产业政策产生的经济效益远低于其他省份（见表 6）。从 2018 年全国部分省份的体育产业总值中可以窥见一斑。

表 6　2018 年全国部分省份的体育产业总值一览表

省份	总值（亿元）	较上一年增加值（亿元）	增长率（%）
贵州	213.70	96.86	82.90
重庆	423.99	185.83	78.03
上海	1496.11	556.90	59.29
浙江	2304	752.00	48.45
四川	1163.86	414.92	55.40
山东	2466.55	968.58	64.66
全国	26579	10078	61.08

注：数据来自国家体育总局和各省份体育局官网

（3）少数民族体育文化市场政策不够健全

少数民族体育文化市场是少数民族体育文化在市场经济条件下按照市场规律和经营交易秩序开展少数民族体育文化衍生产品及服务交换的特定场所和运行环境。在此市场中，少数民族体育文化的商品经济属性得到了充分的释放，其文化衍生品的经济价值日渐受到重视，增加了少数民族群众的就业机会，成为少数民族脱贫致富的一股重要力量，拓展了少数民族群众的收入渠道，正在改善着少数民族地区的社会经济面貌。但是，目前贵州在对少数民族体育文化市场的监督、管理、指引上缺少有效的政策，体育文化产业发展的盲目性和自发性问题突出，没有得到有效地规范和遏制，不利于有序竞争的良性市场氛围的形成。[34]

3. 少数民族体育文化政策过程中的问题

(1)少数民族体育文化政策决策民主性不高

少数民族文化政策的制定和实施是一项综合性强的工程，其民主性程度决定着决策本身的科学性和全面性程度，也深刻影响着政策执行的顺利程度和执行效果。当前我国的少数民族体育文化政策的制定和实施受到高度重视，在政府主导和各方面代表的参与下共同完成，但是以目前国家提倡的社会治理视域观照，社会力量(特别是政策受益主体的少数民族群众)参与程度还不够，这无疑增加了政策执行的难度，降低了政策的实效性。少数民族文化政策的制定和实施离不开少数民族群众、专家学者、研究机构和政府等的共同参与。[35]

从新中国成立到改革开放，我国各项政策基本均遵循“自上而下”模式，国家利益统摄个人利益，人民的利益由党和国家代表，社会力量几乎没有参与到政策中来。改革开放后，我国民众的个人利益得到凸显，民众本位逐渐成为各类政策制定的价值追求，包括专家学者、体育组织代表以及普通公民在内的社会力量逐渐参与到政策制定模式中来。例如，《全民健身计划纲要》自 1993 年就开始征求专家的意见，天津体育学院、天津市体委、北京体育大学、国家体委科研所和部分新闻单位的体育专家、学者及有关体育官员参加了意见征询座谈会，对全民健身计划提出了许多颇有见地的建设性建议。《全民健身计划(2011—2015)》在制定过程中同样重视发挥专家的作用，积极征求社会意见。该计划先由国家体育总局成立的领导小组经专家咨询形成第一稿，再向各省、自治区、直辖市体育部门征求意见，形成公开征求意见稿，最后形成终稿。虽然我国大众体育政策的制定确实吸纳了社会力量参与，但从实质来看，无论是国家层面的，抑或是地方层面的大众体育政策，社会参与主要还是以体育专家为主的精英参与模式。作为大众体育政策目标群体的广大人民群众由于多方面原因，并没有真正参与到大众体育政策中来，因而社会参与程度还不高，处于政策之外。依照社会参与层次理论，可以认为我国大众体育政策的社会参与并没有进入实质层面，基本处于象征性参与阶段，合作性、连贯性的社会参与机制还没有建立起来。

从前面对贵州少数民族体育文化政策的梳理中，我们可以清晰地发现，贵州的少数民族体育保护政策的出台都是在政府主导下进行的，其实施也是通过自上而下的科层制进行推动。虽然民族体育文化事业是公益性的公共事业，政府理应起到主导作用，但缺少民族体育文化主体自下而上地参与和呼应，少数民族体育文化政策就容易在执行过程中出现政策成本高、社会认同度低和执行的形式化等窘境，使体育文化政策难以产生良好的执行效果。这正是少数民族体育文化政策实践中民主性不充分所带来的负面效应。

(2)少数民族体育文化政策执行操作性不强

我国在少数民族体育文化建设中，其政策推进的配套制度难以跟上，导致口号式政策居多，操作性差，政策执行效果不佳。贵州省的少数民族体育文化政策在整体上同样以宏观指导性为主，可操作性较差。比如1997年首次公布，经过2004年、2015年和2017年三次修订的《贵州省体育条例》，作为省级层面的体育立法，对民族体育文化的发展进行相对原则性的规定是合情合理的。而作为省级层面之下的地市级自治州以及基层的自治县在其地方自治条例当中，就应当对民族体育文化的发展做出具有操作性的规定，明确各项具体发展指标，保障政策执行者在执行过程中易于操作，也便于对政策进行科学有效的评估。现实是这些基层的自治条例也只是对保护和发展民族传统体育做出原则性的规定。比如，在少数民族体育人才政策中，具体对培养少数民族体育人才的主体、方法、措施、人才的标准等没有明确的数量化标准，在发展民族体育过程中怎么予以经费、物资和设施等方面的支持，民间传统体育活动如何开展等方面都缺乏具体、可操作性的措施，导致政策执行者在民族体育政策的执行过程中，或表现出较大的随意性，或表现出茫然无所适从，或表现出缺乏明确目标，最终致使贵州少数民族体育文化政策效果大打折扣。其他的少数民族体育的保护政策也多以“意见”的方式进行规定，同样存在内容规定空泛，操作性不强的问题。又比如“政府购买民族体育服务”政策中对缺乏购买主体、购买客体、购买流程、购买模式、购买原则、购买标准、奖惩办法、购买风险防范机制以及监管办法等进行明确的相关配套政策制度，导致相关政府部门在购买民族体育服务的过程中出现不作为、乱作为和寻租等越轨行为。少数民族体育政策的推进需要完善的、系统的配套操作性指标和措施予以保障，否则将难以达到高效执行和落实。

(3)少数民族体育政策评估与追责环节薄弱

政策评估在国际学术界主张打破传统单一、集权式的评估，从单向评估转到多项评估，调动政策制定者、政策执行者、政策相对人、政策利益相关方以及公众广泛地参与到政策评估中。目前国外大众体育政策的评估基本形成以第三方评估的常态。长久以来，我国的大众体育政策评估主要是由各级体育政府部门负责，评估主体都是以政府机关为主，体育政府机构成为我国大众体育政策的制定者、执行者以及评估者，集组织者、运动员、裁判员等多种角色于一身，形成了典型的大众体育政策的同体评估常态。这种评估模式容易造成大众体育政策权利博弈中的行政权与公民权呈现非均衡发展态势，导致行政权力垄断公共权利，挤压社会权利的空间，其结果是大众体育政策目标的实行落空或者虚假现象丛生，最终损害社会公众的体育权益。我国的《全民健身计划(2011—2015)》明确要求第三方参与审核。2014 年 5 月，国家体育总局群体司在北京启动了《全民健身计划(2011—2015 年)》实施效果评估工作，委托上海体育学院组成专家评估组，作为此次评估工作的第三方机构，对我国全民健身政策的效果进行评估，开启了我国第三方参与大众体育政策评估的新阶段。但总体来看，我国社会组织、高校机构以及公民个体等参与大众体育政策评估的积极性、主动性还不强，相应的社会参与政策评估的配套制度与机制还没有建立起来，社会参与大众体育政策评估还处于萌芽阶段。其公正性、客观性以及真实性难以保障，评估结果容易受到质疑，社会公信力就会下降。[36]

政策评估是完整的政策过程中不可或缺的重要环节，对少数民族体育文化政策执行情况进行科学的评估，是检验政策执行过程和具体绩效的重要标准，也是调整、完善、落实少数民族文化政策的重要环节，但是这个重要环节却相对比较薄弱。目前，我国少数民族体育文化政策评估体系还不够完善，缺乏一套全面、合理、科学的评判标准、评估方法和模式。此外，没有成立专门的评估机构，评估的手段和渠道相对单一，缺少对定量评估方法的运用，一些评估流于形式，难以确保评估结果的客观和公正。[37]例如，在对“少数民族文化进校园政策”的评估中，缺少严格详细的评估计划和评估方案，主要是贵州省教育厅和民宗委等相关行政部门的领导根据各地方州市上报的民族体育进校园汇报材料和到基层学校走访的主观感受来进行评判，同时再加上评选民族文化传承工作先进个人、先进集体、民族民间文化（包括民族体育文化）教育项目学校等方式来进行简单评估，而未将此政策的执行效果纳入民族、教育或文化工作的年度绩效考核之列，这种单一的简单评估所获得的结果，其客观性和科学性不足以保证，对于提高政策的执行效果和政策的进一步完善效果不明显。

4. 少数民族体育文化政策运行中的问题

（1）少数民族体育政策诉求不够旺盛

在现代社会消费主义的刺激下，广大普通群众因为热衷于追求物质财富带来的感官刺激而特别注重经济建设和财富的增长，而对于精神文化的需求还不旺盛。众所周知，贵州地处中国西部地区，社会经济发展较为滞后，刚处于脱贫阶段的各少数民族人民，其关心的重点在于经济建设，而非难以产生较大经济效益的少数民族体育文化活动。另外，传统民族体育文化的审美与现代人的审美追求也存在不一致的地方，以致对少数民族体育文化传承与发展缺乏足够动力。据 2020 年数据显示，贵州省的 GDP 增速排名全国第二，但 GDP 总量排在全国第 20 名。政策的制定与实施会受到地方政府的财政预算及经济情况的制约，党的十九大以来，党中央把打好脱贫攻坚战作为全面建成小康社会的三大攻坚战之一。为实现全面脱贫，政府不断加大扶贫力度，增加扶贫资金的投入，2020 年实现了全面脱贫目标。但脱贫的重心主要是在解决群众的基本生活问题方面，对少数民族体育文化方面的投入相对较少。据访谈所知，贵州省除筹办四年一次的全省少数民族运动会有专项资金以外，几乎很少有针对贵州省少数民族传统体育事业发展的专项经费，捉襟见肘的经费直接影响政府民族体育政策的制定和执行，少数民族体育活动的开展因为经费问题常常困难重重。正因为贵州的经济状况相对滞后，当前其少数民族聚居区的首要任务是发展经济，实现乡村振兴，大量人员外出务工挣钱，留守人口基本全是老弱病残，老人对民族传统体育的珍贵性认识不足，普遍缺乏民族体育文化的保护、传承和发展意识。因此，群众对民族体育政策保护的诉求不大。而政府所组织或参与的各级各类少数民族体育竞技比赛活动对项目的专业技能要求水准又高，基本是专业运动员的专利，普通群众难以企及，因此对民族体育政策的诉求较低，直接影响了少数民族体育政策的发展。[38]

(2)少数民族文化政策变通机制不完善

政策变通是政策调试当中的重要环节,是指在政策执行实践中合理地将原则性与灵活性相结合,实现与政策方针的"形似"与"神似"相统一,目的在于使政策执行者摆脱本本主义,适度灵活地对待政策条文,旨在实现政策的有效执行,从而达到政策执行绩效的最大化。具体到少数民族体育文化政策体系中,部分政策具有"普适性"的特征,可在全国推广,但不可能所有的政策都与当地的客观实际完全贴合,这就需要在政策执行中进行适度的变通。由于政策制定者认知的局限性、政策环境和对象的变化等原因的存在,政策制定与执行之间肯定存在距离。少数民族文化政策的执行还未能摸索灵活变通的有效途径,要么死扣政策条文陷入本本主义的陷阱,要么抓不住政策要旨按照执行者的理解随意执行,未能在政策侧重、宽严标准、政策界限和执行方式的调试上做到游刃有余。

(3)少数民族文化政策联动与履职不实

我国的民族体育政策存在着明显的"碎片化"特征,弱化了政策的整体效益。在政策制定上,作为民族体育政策直接受益者的广大少数民族群众认为政策制定是政府的事儿,其参与热情缺乏,表现出冷漠的态度;在政策执行上,民族体育政策执行的教育、文化、财政、体育、规划等相关部门缺乏协调和配合,协同执行能力偏低;在政策评估上,民族体育政策的评估尚未形成权威的评估标准和专业化的评估队伍,且第三方评估机构力量微薄,政策执行评估客观性不强。民族体育政策的这种"碎片化"现象,大大加剧了实现政策绩效最大化的难度。少数民族体育文化政策本质上是一个具有系统性的完整政策体系，需要不同层级、种类、性质的政策及其分支，围绕民族体育文化的共同目标，相互协作汇聚成合力，才能发挥应有的作用。对于少数民族文化政策的联动协作要处理好三方面的关系：一是新政策与老政策的衔接。因为政策需要随着社会的向前发展而适时调整，所以新旧政策的衔接问题则不可避免。现实中这一问题并未得到根本解决，老政策顽固，新政策难以推行的现象较为常见，如少数民族非物质文化遗产政策中多次对认定范围、执行标准进行更新，但部分地方仍旧按照老政策进行认定，导致认定工作不统一。二是不同层次政策间的衔接。即下级在政策执行中对上级政策精神的领会问题。在少数民族文化政策由上向下逐级执行的过程中，因为下级执行机构或个人对上级政策内涵、政策目标、政策路径、政策方法等的理解和掌握出现偏差，带来政策执行结果偏离了政策初衷。三是不同类别政策间的联动问题。处于同一层次的不同种类、性质的少数民族文化政策间的对接出现偏差，未形成政策的协同协作、联合发力的整体效应，导致各个政策的潜能未被充分的激发，影响了政策效果。少数民族体育文化由于具有多元属性，其保护传承与发展会涉及体育、民族、教育、文化甚至宗教等众多不同的主管部门，带来少数民族体育文化政策的制订、实施与评估难以协调，不易形成整体规划与设计，形成各自为战和资源分割的局面，最终带来的是少数民族体育文化政策执行的低效率，从而无法实现民族体育文化的繁荣发展。正因为如此，在《关于加强中国非物质文化遗产保护》中提出了政府要在民族文化保护中充分发挥其应有的主导性作用，建立相应的领导协调配合机制和部际联席会议制度的要求，通过这些制度保障来统一协调工作的开展和部署，以保证对包括民族体育文化在内的民族文化的有效保护。当前，贵州省还没有对《关于加强中国非物质文化遗产保护》所提出的这一要求完全贯彻到位，缺乏非物质文化遗产保护的协调机制和厅局级联席会议制度，民族体育文化政策间不协调，体育、民族、教育和文化等部门间配合不密切的情况时有发生，影响了少数民族体育保护政策的效果。

少数民族体育文化政策的相关部门和个人还存在履职不实的状况。由于我国少数民族体育文化政策尚无配套成熟法律支撑，其法制强制力明显薄弱，对违反少数民族体育文化政策的相关机构和个人的惩戒难以跟上，相关监督机制不健全，缺乏规范性，造成少数民族文化政策监督的主体职责和权限不明确、监督的目标和范围不清晰、监督的方式和手段不完善、监督主体与被监督者的权利和义务模糊不清。同时，又因为缺乏快速反映情况的有效渠道和激励机制，也未能调动社会各界参与监督的热情和积极性。因此，各级党政机关和体育文化相关部门对各项少数民族体育文化政策的基本规定、任务目标的认识不足，在各自职责履行上存在着虚化现象，往往将少数民族体育文化建设的重要性停留在了口头上，在具体行动中却落不到实处，职责履行不实，不可能完全实现政策初衷，影响了整个少数民族文化政策体系的公信力、权威性和实效性。[39]

(3)少数民族文化政策群众与人才基础不牢固

首先是群众基础不扎实。“人民性”是我国制订各项政策的根本依据、核心原则和突出优势。人民群众的信任、期待和拥护是推动各项政策制定、执行和修订的重要基石，是政策发挥功能的关键前提。少数民族体育文化政策的完善同样需要深厚的群众基础和广泛的人民支持，不断激发调动其政策参与积极性，广泛汲取群众的意见、智慧和经验，推进少数民族文化政策的革新，从而实现政策目标，达到为人民服务之目的。但目前仍然存在对少数民族体育文化认识不足，关注不够的现象，能够全面认识少数民族文化发展现状者仅为业内人士和民族文化研究者，能够主动为少数民族文化政策建设出谋划策者更是少之又少。广大少数民族群众对政策本身及其建设知之甚少，遑论政策参与，这对于少数民族文化政策的修订、执行与完善是极为不利的。造成这种情况的根本原因是对少数民族文化政策的宣传、教育、解读、普及工作不到位，政策宣传和普及工作缺乏创新意识，习惯于采用图片展览、发放传单、登台宣讲等老办法，未能实现与现代化的传播手段相衔接，不仅宣传的广度和深度有限，而且“雷声大雨点稀”，远达不到预期的宣传教育效果，开展得频繁反而适得其反，造成群众反感，难以形成坚实的群众基础。

其次是人才基础不牢固。人才是少数民族体育文化保护传承、创新创造、持续发展中最具活力的关键性因素，少数民族体育文化专业人才选拔培养发展的政策机制的完善与否直接关系着少数民族体育文化建设的命运。少数民族体育文化人才是贵州省民族体育文化保护的核心和关键。然而就目前的贵州省少数民族体育文化政策而言，依然不尽合理，在对民族体育人才资源的挖掘、培养、引进等工作还无法做到有章可用、有策可依，可持续发展的人才环境尚未完全形成，不能充分满足少数民族体育文化建设实践对人才资源的迫切需求，具体表现为：首先，现行的人才培养政策更多地强调人才培养的方向、原则和目标等宏观性指导，实操性政策明显不足，带来了少数民族文化人才培养政策执行上的高成本和高难度，执行力度不足。其次，人才引进政策忽视发展实际需求，以学历论英雄，民间少数民族文化传承人未受到应有的重视；政策对高层次民族体育人才吸引力不足，待遇难以兑现，留不住；片面追求引进人才的数量，对能否人尽其才、能否堪大用等方面考虑不足。[40]由此，导致民族体育文化人才极度缺乏。少数民族体育文化人才根据其主要工作性质可以划分为以下五类，每一类都在不同程度上存在着各自的问题。

一是民族体育教育类人才。即学校进行民族体育教育教学的体育教师，民族体育传承人兼任情况也比较多。在民族体育教育类人才当中，缺乏专门进行民族体育教育的专业人员，体育教师一般是体育教育专业毕业，对民族体育缺乏深度认识和相应的技能，民族体育传承人兼任也因其缺乏教育经验的缺陷，且会由于政策经费难以保证等原因难以为继。尽管在民族文化进校园政策中，有对民族文化教育师资相关培训的规定，但依然无法满足民族文化进校园活动的师资需求。二是民族体育文化产业方面的人才。众所周知，贵州省具备着得天独厚的民族体育文化资源和优势，省政府也极为支持包括民族体育在内的民族文化产业的发展，并出台了一系列支持政策。但就贵州目前的状况来看，其民族体育文化产业状况与发达省份相比较，还有相当大的差距。发展最多的依然是与文化旅游相结合的民族体育绝技的展演，发展维度单一、文化的创意性匮乏、推出的产品形式依然缺少新意等诸多存在已久的传统问题，仍然没有得到有效解决。究其原因，最主要的一条应该是缺乏一支既熟悉贵州民族传统体育文化资源，又深刻懂得文化产业开发的人才队伍，导致在贵州民族体育文化产业开发中缺少智力支撑，难以发展壮大。三是民族传统体育竞技类人才。优秀民族传统体育竞技人才是民族传统体育发展的基础，可以引领和激发青少年热爱民族传统体育文化。近年来在全国和全省少数民族体育运动会上，贵州代表团的运动员多是参与比赛多年的老运动员，新生的民族体育竞技人才后备力量严重不足。原因之一是一些少数民族传统体育训练基地名存实亡，有的基地甚至在一年之中都难以开展一次正常的训练，与省外竞技水平差距逐渐拉大。没有民族体育项目的系统性训练，就不可能培养出大量优秀的竞技运动后备人才。其中重要原因之二，就是贵州对民族传统体育的优秀人才在升学、就业等方面缺乏完善的支持机制，在全国少数民族体育大赛上取得优异成绩的人才进入高校深造存在障碍。贵州省制定的对运动员的文化教育以及相关支持性保障类政策没有得到彻底贯彻，优秀民族传统体育运动员在文化教育机会及协助其在体育方面就业等方面难以保障，导致民族传统体育优秀人才的流失。原因之三是贵州省尚无完善的民族传统体育竞技人才奖励制度。据了解，截至当前贵州省尚无关于全国少数民族传统体育运动会奖励办法，广大取得优异成绩的民族体育教练员和运动员的奖励难以落实，严重挫伤了他们参与民族体育的热情。[41]四是民间民族体育人才。主要是民族民间体育传承人和社会体育指导员，这类民间民族体育人才相当缺乏。从民族体育传承人来看，贵州少数民族传统体育文化基本依靠民间的民族体育传承人在传统节日进行“言传身教”，这种传承方式虽然娱乐性较强，但传承规模太小，效率低下。且会随着老一代传承人的离世，新生代沉浸于现代化娱乐活动，导致贵州少数民族传统体育后继无人，严重制约着传统体育的传承与发展。从调查和访谈得知，当前贵州的民族民间体育传承人数量少，在中国非物质文化遗产网·中国非物质文化遗产数字博物馆网站公布的五批国家级的体育非遗传承人中尚无 1 人，只有在传统舞蹈中 2008 年第二批有 4 人，2018 年第五批有 1 人，全省共计只有 5 人，只是具有民族体育的成分，且这些传承人年纪也比较大，基本都在 50 岁以上，有些民间体育绝技会因为传承人的离世而失传。五是民族体育的社会体育指导员。当全民健身上升为国家战略后，国家大力发展社会体育指导员，用以指导全民科学健身，而在贵州这样的一个少数民族体育文化丰富的省份，所培养的社会体育指导员具有丰富少数民族体育知识技能者却极少，无法满足部分具有民族体育健身需求群众的指导工作。

5. 具体少数民族文化政策中存在的问题

(1)民族文化发展相关平台没有得到充分利用

我国的民族生态博物馆以其原生态、活态化和本真性特征，被认为是民族文化保护、传承、研究和利用的一种最佳模式。民族文化生态保护区是中国特色非物质文化遗产保护实践中的创举，为世界少数民族非物质文化遗产的保护贡献了独特的中国方案，成为非物质文化遗产的整体性保护的典范。民族传统节庆活动是弘扬中华民族文化的重要形式，为民族文化保护和传承的重要平台。上述三种平台都为我国民族文化的保护传承与发展做出了重要贡献，作为民族文化重要元素的少数民族体育文化理应充分利用好这些平台，促成自身更好地传承与发展。遗憾的是，这些平台在现实的运行当中少数民族体育文化的成分较少，少数民族体育文化的保护与发展没有充分借助这些重要平台。

(2)基层少数民族体育文化活动没有得到重视

高级别少数民族体育运动会以其重大轰动效应，不仅能够促进其举办城市社会经济的发展，而且能够提高少数民族体育项目的影响力、知名度和美誉度。贵州在2012年举办的全国性和历届省级少数民族传统体育运动会确实发挥了这样巨大的作用。但从另一方面来看，这样高级别的运动会毕竟参与者少，距离普通少数民族群众的日常生活遥远。往往会出现这样的现象：运动会上热闹非凡，运动会后，一切又归于沉寂。运动会上与会后的场景形成鲜明对比，运动会上的人山人海如同风吹残云般转眼消逝在县乡村落之中，导致“运动会上如火如荼，运动会后冷冷清清”的尴尬局面。而基层民族体育文化活动接近广大少数民族群众生活，人民群众对这类活动具有亲近感，通过鼓励基层民族体育活动竞赛的开展，有利于民族体育活动回归生活，保证民族体育活动的群众基础。但目前贵州的现实是热衷于参加全国性的民族体育运动会，举办省级少数民族体育运动赛事，对这类高级别的运动会投入了大量资源，而对基层民族体育活动的关注度较低，重视程度明显不足。

(3)少数民族体育文化进校园政策存在的问题

民族体育文化进校园政策虽然取得了显著成效，但是民族体育在学校轰轰烈烈开展的背后也存在着问题和隐患。就拿松桃苗族自治县的苗族武术来说，在县教育局和民宗局的推动下，苗族武术作为民族文化进校园活动自 2006 年以来就全面铺开，全县先后有 11 所民族学校成为民族民间绝技培训基地，但目前除了松桃民族中学开展得较好外，部分学校仅仅将苗族武术作为介绍性项目，其他学校的民族项目已经全部停止。造成这一问题的主要原因包括两个方面：一个是政策本身的原因，另外一个是学校方面的原因。

“民族文化进校园”政策本身的评估存在问题。政策效果必须通过政策评估进行检验，政策评估是政策修正的重要前提和依据，同时也是一个完整的政策过程不可或缺的重要环节。首先是“民族文化进校园”政策评估单一且简单。贵州“民族文化进校园”政策的评估并没有对评估的形式、程序、主体以及内容等评估要素进行严格限定，没有建立起规范性的评估指标体系，因此在评估时会出现较大的主观性和随意性，是一种非正式的评估。据调查，目前该政策评估主要是通过省教育厅、省民宗委等相关部门的领导根据各州市上报的相关汇报材料和到基层学校走访的主观感受来进行评判，同时再加上评选民族文化传承工作先进个人、先进集体、民族民间文化(包括民族体育文化)教育项目学校等方式来进行简单评估，而未将此政策的执行效果纳入民族、教育或文化工作的年度绩效考核之列，这种单一的简单评估所获得的结果科学性不强，对于提高政策的执行效果和政策的进一步完善效果不明显。其次是“民族文化进校园”政策评估的相关规定不合理。从2007年开始，贵州就在全省学校内开展了每两年进行一次的民族民间文化教育项目的校园评选活动。在评选规定中存在明显不合理的地方，现在执行的《关于申报第五批民族民间文化教育项目学校的通知》中第四条指出学校民族民间文化教育工作必须制定有一系列详细的工作方案及对活动进行监督评估的规范体系[①]，而在民族文化教育活动中学校既担任开展活动的主体，又承担着对活动情况进行自行监督评估的任务，这显然具有明显的不合理性。第7条“有突出当地主体少数民族文化的民族民间文化教育教材”[②]，这将使学校重视当地主体少数民族文化，不利于人口较少民族的文化保护。并且评选条件并未对各级各类学校民族文化传承内容的载体、路径、涉及民族的数量、课时进行规定。

执行主体学校方面的问题：第一，部分学校民族体育文化活动看似轰轰烈烈，实则是学校领导强行推行的政绩工程。事实上与师生休息和学习产生了冲突，影响了正常的教学秩序，违背师生心愿，这些做法实为突出政绩的嫌疑颇为明显。学校教师和家长对少数民族体育文化的重要性认识不足，有部分教师和

---

① 曾娟玲．贵州“民族文化进校园”政策执行效果研究——以贵州黔西南州为例[D]．昆明：云南师范大学，2019.

② 曾娟玲．贵州“民族文化进校园”政策执行效果研究——以贵州黔西南州为例[D]．昆明：云南师范大学，2019.

家长坦言，文化只是人类生活的手段，少数民族文化无须刻意进行保护，认为现代文化取代落后的民族文化是合情合理的，对其进行保护费力费时，且毫无意义。再加上应试教育背景下的升学压力，学校和家长对于民族体育文化进校园之类身体活动存在排斥心理。第二，活动经费难以持续保障。虽然贵州对民族文化进校园比较重视，制定了一系列推动性政策，但缺乏持续跟进，经费跟不上，学校也不愿意在有限的经费中划拨出专门经费用于民族体育文化教育活动。第三，民族体育文化教育师资队伍不健全。当前各级各类学校民族体育文化教育师资主要是两类：一是学校的体育教师，体育教师本身的民族体育文化知识有限。二是聘请的民族体育传承人，他们因无法获得适当的报酬，逐渐丧失了对民族体育文化传承的热情，选择辞职离开。聘请民族体育传承人的做法也由于受到经费、制度等多方因素的制约，难以持续。比如，苗族武术传承人龙某某在 2002 年民族文化进校园活动开始后就受聘于盘石中学，教授苗族传统武术套路与绝技 3 年，所得报酬不足 3 000 元，基本只够维持来回车费。第四，民族传统体育进校园政策执行的基层主体对政策的态度、自身素质和能力等因素决定着政策执行的效果，而这一主体的素质相对有限。开展民族体育传承的体育教师大多并非民族传统体育教育专业毕业生，对民族传统体育认识缺乏深度；而民族传统体育的传承人只对所传承的项目比较精通，却没有教育教学经验以及教育知识和技能，不懂教育教学，对学生施教存在困难。再加上学生文化学习上压力、家长的不支持、非物质文化传承人对课程内容选择的困难等诸多因素的影响，都对少数民族体育文化进校园政策的执行产生了不利的影响。

(4)少数民族传统体育"非遗"保护政策成效不彰

目前影响少数民族文化政策实效性的因素主要有以下方面:一是政策执行存在重开发、轻保护的短视现象,不利于少数民族文化的保护与传承;二是具体实施部门职能不够清晰,主体责任尚不明确,一些部门规划没有涵盖民族地区的实际情况,影响了实施的过程和效果;三是民族地区普遍存在的资金、技术和产业化开发不足等突出问题,相关配套措施难以跟上;四是一些建设标准需要进一步细化,比如特色村寨建设指标体系、博物馆数据化建设指标体系等;五是对少数民族文化政策的宣传不够,在具体实施过程中存在理解不到位,落实力度不到位现象;六是还没有充分调动少数民族群众的主体意识,少数民族群众参与热情不高,参与程度不够。

自从21世纪非物质文化遗产保护备受关注以来,贵州也对少数民族传统体育的"非遗"申报和保护工作加强了重视,取得了较好的效果,但在具体"申遗热"实践背后也出现了"重利用轻管理""重申报轻保护"等现象,申报过程中功利性目的过于强烈,热衷于申报工作,一旦申报成功,更重要的保护工作却被放置一边。当需要宣传民族体育文化保护成就之时,则又会把申遗成功的项目拿出来。申遗的功利性表现过于强烈。比如,摆手舞是所有土家族人民千百年来的智慧结晶,其传承最重要的目的是给子孙后代留下宝贵的民族体育文化遗产。但现实中土家族摆手舞申遗的动机是为地方增加一张名片,提升地区的知名度,以此带动当地旅游业的发展,达到获取经济效益的目的。

再比如，侗族的萨玛节作为黔东南由母系氏族流传至今的最古老、最具侗族特色的民间风俗遗留，其萨神在侗族人民心目中具有至高无上的神圣地位。萨玛节一般每年年初举办一次，部分地区三年举办一次。2006年进入我国第一批国家级非物质文化遗产名录。当地政府为了发展旅游业，增加财政收入，曾经要求一年举办四次萨玛节，当地侗族民众破天荒地在一年之中庆祝了四次不再神圣的萨玛节。另外，贵州的体育非物质文化遗产项目不管是国家级还是省级的数量都不多。在五批国家级名录当中，民族传统体育项目共有108项，而贵州仅有4项，占比只有3.7%。目前贵州共有本省的省级“非遗”项目674项，民族传统体育类项目仅占“非遗”项目总数的6.69%，只有区区43项，另加申报成功的4项体育类国家级“非遗”项目，两个级别的项目加起来也仅仅只有区区47项，数量太少，与贵州的民族体育文化大省地位不相匹配。再一个方面是少数民族体育文化“非遗”保护中产生了异化现象。旅游景区不尊重民族体育习俗，为了追求商业利益，一年一度“火把节”和“泼水节”竟然天天上演，走向完全的“商业化”，沾染了浓重的铜臭味道，掩盖了“非遗”价值中所具有的更重要的陶冶人的情操，提升人的文化品质方面的精神价值。一些州县政府申请某一体育“非遗”项目的根本目的并非是对“非遗”的保护和传承，而是借机推动城市经济发展和旅游品牌生成之类的政绩。[42]

(5)少数民族传统体育训练基地建设效果受限

少数民族体育训练基地是少数民族传统体育普及与提高、传承与发展的一条重要路径，亦可为各少数民族传统体育项目传承提供高质量的专业师资。但在少数民族体育训练基地的建设实践中，却没有充分发挥其应有的长期带动效应，没有更好地在保护传承和有效利用少数民族传统体育文化遗产方面发挥作用。虽然有部分训练基地培养了比较多的高水平民族体育运动员，但过于注重培养高水平运动员，导致在不同程度上忽略了少数民族传统体育传承的长久意义。另一方面在少数民族体育训练基地建设中，经费投入太少且不均衡，导致部分训练基地由于缺乏后续拨款而名存实亡。据对 13 个训练基地的调查，只有 3 个贵阳的基地认为投入经费一般，其余 10 个市州基地均认为经费投入不足，且贵州对全省民族体育训练基地的省财政支持经费仅有可怜的 100 万余元，分摊到现有的 49 个基地中，每个基地仅可分配到大约 2 万元的经费，不足部分由基地所在的市州、县级民族部门和体育部门进行匹配，实际上难以落实，造成经费投入缺口巨大，扶持效果欠佳。

六、国内外体育政策的经验借鉴与启示

（一）国内体育发达省市体育政策经验与启示

1. 发达省市体育政策实践经验

（1）浙江省推进体育场馆政策与成效

浙江省将体育场馆工作视为全民健身战略任务的重要组成部分，一贯强调体育场馆建设、管理、改进工作，场馆管理效益位于全国前列，其高效科学的体育场馆政策功不可没。2018 年底的统计数据显示，浙江省共有体育场馆场地 173 150 个，总面积达到 12 973.04 万米^2，人均占有量为 2.26 米^2。在 2014 年的《关于印发浙江省扶持体育发展专项资金管理办法的通知》中，强调给改（扩）建体育场馆和免费向群众开放的场馆按照一定标准发放补助。2020 年，浙江省共有 55 家体育场馆受到政府财政补贴。2020 年 5 月，浙江省多部门为提升体育场馆服务水平，联合推出了《关于推进全省公共体育场馆服务大提升的实施意见》，提出 8 项提升计划，用以满足群众全民健身活动发展的需求，为平衡场馆运营维护成本较高问题，浙江省提出“公益为本”“适度超前”的原则，财政给予适当补贴。这些政策与规定充分体现了发展为民的理念，受到广大人民群众的欢迎，也使得体育场馆政策能够顺畅贯彻执行，对国内其他省份体育政策具有一定的示范作用。

(2)上海市体育政策制定与评估经验

上海市是我国的体育强市。在体育产业政策上,上海市的体育文化产业政策相对成熟,赛事市场化程度高,围绕打造“国际体育赛事之都”,上海市专门出台了一系列政策和针对性的办赛制度,对体育赛事运营的各项条件、具体标准及整体流程,对应的政府职能部门均有明确的规定,体现出较强的操作性。在体育政策评估上,上海较早地探索了引入第三方机构对全民健身政策的评估,在全国起到了引领示范作用。2013年上海市体育局委托上海体育学院作为第三方,对《上海市全民健身实施计划(2011—2015年)》2012年执行情况进行全方位的评估。为掌握《全民健身计划(2011—2015年)》的实施效果,2014年国家体育总局同样将其评估委托给上海体育学院。上海体育学院利用自身的专业优势,制订了全民健身的评估指标体系,圆满完成了上海和全国的全民健身计划执行情况调查与评估任务。这些体育政策第三方评估的探索推进了我国政策评估向新的阶段发展。

(3)深圳市发展体育产业的政策经验

深圳市十分重视体育产业发展,围绕打造“全球体育赛事名城”的任务,制定了一系列的体育产业政策,重点加大对体育相关产业的资金奖励与支持,政策效果明显。在2020年深圳制定的《关于加快体育产业创新发展若干措施的通知》中,明确强调加大对体育产业提供资金扶持。比如,举办以足球为代表的一类项目和以赛艇为代表的二类项目的国际赛事可分别提供800

万元和300万元的资金支持;有国际高水平队(员)参加的国家级高水平单项赛事可分别提供500万元和100万元的资金支持;涉及体育产业项目可提供200万元和100万元的资金;新晋的省级、国家级体育产业园区、基地,提供100万至200万元的支持。深圳市在体育产业发展上所进行的大力资金扶持,对为体育事业做出贡献的单位和个人进行经济资助和奖励,激发了体育群体的积极性,加快了深圳市体育事业的发展。2019年深圳体育产值达1 028.13亿元,占GDP总量的1.5%,体育产业政策的经济效益十分突出。

2. 发达省市体育政策实践的启示

(1)各省市体育政策实践的共同特征

一是以民为本,政策创新。这些政策着眼于为人民的体育需求服务。浙江省坚持体育场馆"公益为本"的原则、深圳市对体育领域各种资金扶持等都从满足体育市场和体育消费者需求出发,体现着以民为本、全民共享的发展理念;上海市全民健身政策的第三方评估体现着政策的不断创新。二是政府加大资金投入扶持力度。浙江、上海和深圳均通过在体育事业发展中加大了财政资金,构建活跃的体育市场,推进体育产业发展。三是政策可操作性强。浙江、上海和深圳在体育政策上都做到了政府与市场职责划分清晰,不同机构和个人的权责清楚,政策条文量化率较高,政策的整体操作性强。

(2)各省市体育政策实践的有益启示

首先,在体育事业的管理中,体育政策的制订要树立以民为本的政策理念,保证政策满足广大人民群众的体育需求,突出普惠性，让体育发展的红利为最广大的人民所共享，从而使体育政策能够顺畅地得以执行，提高政策效益。其次，政府部门要进一步简政放权，政府主管部门侧重于体育政策制定和宏观管理，加大对体育产业的政策支持和财政投入力度，诸如体育赛事举办等具体事务交由社会和市场来完成。再次，体育政策制定中应明确不同部门机构和个人的责任和义务，增加明示性条款和具体量化指标，以此增强体育政策的可操作性。最后，创新体育政策评估模式。体育政策评估一直是我国体育政策体系中的薄弱环节，上海市的全民健身体育政策评估中引入上海体育学院作为第三方评估机构，是体育政策评估中的一种创新模式，效果良好，可在少数民族体育政策评估中进行推广。[43]

（二）国外发达国家社会体育政策经验与启示

1. 国外发达国家社会体育政策经验

（1）广泛社会参与保证体育政策制定的民主性和科学性

政策制定的民主与科学程度直接决定着政策是否能够在政策执行实践中真正落实。在政策制定的民主性上，科学的政策决策过程是一个群策群力民主论证的过程，理应征询不同群体的意见，在政策制定过程中离不开广泛的社会参与。发达国家特别重视大众体育政策制定环节中的社会参与，往往通过与社会组织、学术机构甚至公民个体等进行民主协商，不断和目标群体进行沟通，在多轮的意见征询和利益的相互博弈和协调中，实现政府机构、体育社团、专家和政策目标群体的利益的一致，最终达成与社会民意的契合，满足广大底层人民的体育利益诉求。

比如，在英国，社会与公众可以以不同的方式直接参与到大众体育政策的制订中来。英国在不同时期所制订的《关于全民体育运动的未来计划》，直接反映了社会民众的体育意愿，该计划中的政策条文和具体指标主要是依据国家体育战略专家和学者们的研究数据、民众体育意愿模型和历史文化传统等而来，决策模型采用自下而上的方式，这种体育政策决策程序更加民主科学。目前来看，西方发达国家的体育政策，特别是群众体育政策的制定过程中，广泛吸收社会不同组织和广大群众意见，将其纳入政策制定主体范围，已经成为通行的做法，由政府单独制定体育政策的时代已经一去不复返了。这种广泛吸纳社会参与的自下而上的体育政策决策模式，既能够充分利用社会资源，又可以使体育政策目标与民众的体育意愿相契合，更符合当今社会发展的民主化进程，保证了体育政策决策的合法性和合理性，具有较强的社会根基，成为大众体育政策顺利执行的坚实基础。

在政策制定的科学性上，英美的政策制定更为科学，主要表现为两个方面：一是专家参与进行多轮科学论证，专家的专业知识、专业智慧和专业经验得到充分发挥，政策制定过程中的技术标准更加科学；二是在政策文本的表述上，发达国家的大众体育政策很少使用模糊性和概括性的词汇，所表现出的一个共性特征就是政策的可操作性非常高，政策目标和内容分工基本是由量化的指标组成，便于政策执行与评估，可以比较清楚地获得政策目标的达成度。比如，美国 2000 年制订的《健康公民 2010：促进健康的国家目标》中，对政策目标进行了详细分解，保证每一项目标最终的子目标能够落到实处。这项政策设立 3 个总目标，并分解为22个子目标，接着再分出47个次级目标，最终分解为能够量化的300个最终的子目标，目标层次分明，越是下级目标，量化程度越高，突出了较强的可操作性。并且明确规定了不同的执行机构、组织乃至个人的责任，奖惩分明，避免因体育政策语言模糊而陷进执行梗阻之中。

(2)大众体育政策执行主体间互惠合作协同联动

政策执行作为政策方案和政策目标实现之间的桥梁，是指执行者充分利用各种政策资源，采用不同的方式方法和各种行动，将政策条文中设定的预期结果转变为实际效果，实现政策目标的动态活动过程。曾有美国的政策研究者认为，政策执行对于政策目标的实现极为重要，政策执行对政策落实的贡献率达到90%。传统的体育政策单纯依靠政府执行，缺乏与其他社会组织的合作，造成了严重的政策执行阻滞问题。发达国家体育政策执行经过长期的探索，已经摸索出多方合作协同联动的执行模式，且已经成为政策执行的常态。

英国的青少年体育政策在执行中，就实现了多个部门的相互沟通与协作。在英国"整合公共服务"的执政理念引领下，不同政府部门打破壁垒，侧重于政策执行中的管理工作，政策具体执行由社会组织和专业人才共同完成。英国青少年体育政策的实施是由包括教育技能部、文化传媒和体育部、英格兰体育理事会、青少年体育信托基金、国家单项体育治理组织、质量监测部、地方政府部门、各类学校以及其他相关政府部门在内的众多部门和机构所组成的体系。在这个体系中各部门的职责分工各不相同，文化、传媒和体育部以及教育技能部的主要负责组织、管理、制定各类青少年体育政策和政策经费支持；国家单项体育治理组织、英格兰体育理事会以及青少年体育信托基金等体育社会组织主要负责政策具体执行，国家单项体育治理组织主管社区体育俱乐部政策在各个地方的具体实施，社会企业家所设立的青少年体育信托基金目标是多方筹措支持学校体育发展的资金，主要推行学校体育政策；质量检测部主要职责是定期对青少年体育政策执行进行检测、评估和建议；地方政府部门和各类学校主要配合上级政府部门和各执行机构执行各项具体的青少年体育政策。[44]在《关于全民体育运动的未来计划》的执行中，英国政府采取让渡给社会组织部分或全部的政策执行权限、配备资金支持等多种互惠方式，激发社会组织和市场的积极性，以政府拨款和社会投资相结合的方式创立体育基金会，再由体育基金会具体负责体育政策的执行；英国体育管理组织的员工全部面向社会招聘，其主要功能在于负责政策的制定和分析，为社会提供体育政策而非管理。借此，向社会吸收各方人才，实现了政府、社会和市场在体育政策执行中的合作协同，取得了良好的政策执行效果。[45]

在美国的政策实践中，政府部门、非政府组织、高校和商业组织也都参与到了大众体育政策的实施当中。比如，美国的《促进老年体育的国家计划》共 18 项具体内容，其中 3 项由政府机构执行，9 项由美国退休者协会、全国老龄协会、总统体质与体育委员会和美国运动医学学会等非政府组织协作完成，4 项由非政府组织与政府机构合作完成，剩余 2 项任务则由美国伊利诺伊大学和商业组织承担。美国政府将体育政策执行进行分解，赋予不同性质的社会组织，并提供相应的政策执行资金，激发了大学、非政府部门和公民个体的积极性和创造性，促进了大众体育政策的有效执行。

(3)大众体育政策评估实行第三方机构动态评估

体育政策评估指的是评估主体按照特定的评价标准对政策执行和政策目标实现程度所进行的评价活动，并依据评价的结果，对体育政策本身及其执行进行科学合理的调整，是体育政策过程对政策进行调控所必不可少的有力工具。欧美发达国家在体育政策评估中已经形成了科学成熟的动态异体评估模式，评估主体由第三方机构单独或者与政府联合的方式充当，可以有效保证体育政策评估结果的客观真实性。[46]

美国的体育政策评估主要由第三方机构进行，是运用第三方机构进行政策评估的范例，其《国民体力活动计划》的评估就由圣路易斯华盛顿大学预防研究中心负责组织进行，该预防研究中心专业性强，精于健康促进政策评估，可以保证评估的专业性、客观性和可靠性，进而达到精确地评价体育政策的促进效果之目的，并追踪国民体力活动的未来趋向。[47]澳大利亚对于大众体育政策的评估同样非常重视第三方机构及其专业性，主要采用体育领域的专家学者与政府代表组成专项评估小组的模式进行，其评估程序分为内部性个体评估、外部介入性评估、评估后整改、评估结果的使用等步骤，其中外部介入评估主要由体育精英、社会团体及高校体育研究机构组成，具有较强的独立性和专业性，不会受到政府执行主体的干扰，能够保证获取客观真实的政策信息。在《活跃“澳大利亚”计划》的评估中，专门组建了由社会体育精英、体育研究者等构成的“活跃澳大利亚监督、评价与研究委员会”，以对《活跃“澳大利亚”计划》的实施效果进行分析与评估。[48]

2. 对少数民族体育政策过程的启示

(1)增强民族体育政策制定的民主性和科学性

少数民族体育政策制定要将体育行政部门、体育专家、教育部门、少数民族群众等纳入制定主体，保障政策制定的民主性；体育专家参与政策制定，可以为政策决策提供智力支持，增强政策的科学性；少数民族群众代表参与政策的制定，可以倾听到民族体育文化拥有者的声音，保障政策更加符合社会公众的体育需求，增强少数民族体育政策制定的合理性，不会在政策执行中形成社会公众的抵制。因此，少数民族体育政策的制定必须立足于对公众体育需求的结果调查，满足公众体育根本意愿，结合社会体育专家的建议，最终形成具有一定层次性、针对性和可操作性的少数民族体育政策体系。

(2)建立民族体育政策执行协同合作机制

我国传统的少数民族体育政策强调政府权威的执行模式，更倾向于满足政府的利益需求，容易造成执行者行为失范，对政策执行产生不利影响。而依托政府与社会组织等的协同执行模式是当前发达国家大众体育政策执行的常规做法。这种社会参与的协同政策执行模式建立在不同主体之间的平等互惠关系之上，保障了多元主体参与大众体育政策执行中利益的获得，因而激发了各执行主体参与政策执行的积极性，避免因陷入利益分歧而带来的政策失灵。因此，我们要实现少数民族体育政策执行跨部门协同合作，就需要政府遵循市场经济发展的规律，在相关法律法规的框架下，坚持“谁参与、谁受益”的原则，建立起不同部门间沟通与协作的利益平衡机制，以制度的形式克服不同部门在民族体育政策执行中的分割状况，实现政策执行各子系统关联配合。这一协同合作机制的建立可以确保不同政策执行主体进行合理的利益分配，实现多元主体各自的利益，成为不同领域社会力量积极参与民族体育政策执行的不竭动力。

(3)建立完善的体育政策执行监督评估机制

我国传统的民族体育政策监督评估基本实行的是内部评估，主要由行政监督、审计部门等行政机构负责，这些部门与作为主要政策执行主体的体育行政部门有着千丝万缕的联系，这种碍于各种关系和利益纠葛的政府内部监督评估难以真正做到客观公正，无法形成完全真实客观的评估数据。第四代政策评估理论强调在评估中的协商和民众参与，重视政策目标群体的意愿，突出了第三方评估和社会舆论在评估中的价值。因此，少数民族体育政策评估可以借鉴英美等发达国家由议会议员、社区公众、媒体舆论等多方所建立起的基于公众满意度的政策执行监督与评估体系，在强化体育政策执行的内部监督评估基础上，成立专业的体育政策执行的监督与评估机构，建立健全由社会体育组织、体育院校和体育科研所等机构参与的外部监督机制，从而保障少数民族体育政策执行的监督与评估更加民主、科学和公平。上海市在全民健身政策评估中，引进上海体育学院作为第三方评估机构，进行了有益的尝试，获得了良好的效果。基于第四代政策评估理论、英美国家体育政策评估实践经验以及上海市对全民健身政策评估的有益尝试，贵州省少数民族体育政策的评估也可以探索建立由第三方参与为主的政策执行评估机制。[49]

七、完善贵州少数民族体育文化政策的整体思路与具体策略

（一）贵州少数民族体育文化发展的机遇与挑战

1. 贵州少数民族体育文化发展的重大机遇

（1）国家为贵州民族体育文化发展创造了优越的环境

当前我国社会制度的优越性日益显著，各行各业已转向高质量发展的历史新阶段，综合治理水平稳定提升，经济发展势头良好，商品丰富，物质基础厚实，人力资源丰富，市场空间广阔，发展韧性强劲，社会大局稳定，继续发展具有多方面的优势和条件。中华民族正处于最接近民族伟大复兴的新时代，社会主义中国正以雄伟的身姿屹立于世界的东方。国家正在大力进行的“一带一路”和粤港澳大湾区建设给西部相对落后地区加快开放步伐、推进西部地区企业参与国际竞争提供了舞台和机遇，为西部地区的文化服务业加快发展提供了更多宝贵机会。我国提出2035年要“建成文化强国、教育强国、人才强国、体育强国、健康中国，国民素质和社会文明程度达到新高度，国家文化软实力显著增强”。特别是“文化强国”“体育强国”和“健康中国”三项宏伟战略的实施，2022年5月中共中央办公厅、国务院办公厅印发的《关于推进实施国家文化数字化战略的意见》，不仅为少数

民族体育文化发展提供了最为直接的发展动力，更为其发展繁荣释放了巨大的空间，各少数民族的体育文化已经具备了实现加速发展的有利条件，少数民族体育文化发展正在迎来国内最好的发展机遇期。

(2)国家为贵州的发展提供了重大专项政策支持

贵州的发展历来受到党和国家的高度重视，出台了多项高规格政策予以支持。2012 年，国务院专门针对贵州出台了《关于进一步促进贵州经济社会又好又快发展的若干意见》(国发〔2012〕2 号)，旨在促进贵州经济社会又快又好地发展。习近平总书记在 2021 年春节前夕，再次视察贵州，赋予贵州“闯新路、开新局、抢新机、出新绩”的新的历史使命。2022 年初，《国务院关于支持贵州在新时代西部大开发上闯新路的意见》(国发〔2022〕2 号)文件重磅出台，这是一项全面支持贵州发展，具有含金量高、操作性强、支持力度大的专门性政策，成为贵州发展的又一难得的重大历史机遇。在党中央、国务院对贵州人民的关爱、对贵州工作的期望、对贵州发展的重视中，贵州少数民族体育文化迎来了巨大的发展空间。贵州少数民族体育文化的大发展、大繁荣获得了坚实的政策支持。

(3)贵州各行各业近年来取得巨大的发展成就

党的十八大召开以来，贵州这样一个发展不充分地区的改革恰逢国家弥补发展中的不足和短板的重要时期。贵州省紧抓国家供给侧改革、经济转型升级的战略机遇，充分利用国家的财政、金融、投资、税收、产业政策，加快贵州基础设施建设步伐，推进贵州产业发展，进入到“千川江海阔，风好正扬帆”的发展新时期,创造了赶超进位的“黄金十年”,成为贵州发展历史上最辉煌最精彩的阶段。特别是在经济建设上,贵州表现得尤为突出,取得了脱贫攻坚的伟大胜利,彻底撕下了蔓延千年的贫穷标签,减贫人数、易地扶贫搬迁人数全国最多,书写了中国减贫奇迹的贵州精彩篇章,大大缩小了与东部发达地区的发展差距,与全国同步全面建成了小康社会,各族人民群众的生活越来越安逸,日子越来越幸福,实现了贵州的“千年之变”;贵州继续保持赶超进位的强劲势头,经济增长速度持续保持全国前列,经济总量和全国排名显著提升,经济硬实力和文化软实力都得到大幅跃升;为各项事业发展初步构建了高质量发展的基础性框架,工作重心由脱贫攻坚转到各项事业的高质量发展上来,正努力创造贵州发展的新辉煌,[50]为贵州民族文化和少数民族体育发展奠定了坚实的基础。

(4)贵州的民族文化强省和山地特色体育强省发展战略

习近平总书记指出,在传统文化的弘扬方面,贵州省拥有丰厚的民族传统文化优势。在这种深厚的文化传统中,我们要做到让新时代贵州精神引领风尚、凝聚民众、促进发展,增强贵州发展中的文化软实力。贵州作为多民族、多文化的老少边穷地区,实现弯道超车,离不开贵州文化自信的坚强支撑。时任贵州省委书记谌贻琴在 2022 年 4 月 25 日的贵州省第十三次代表大会上的报告中指出,要“繁荣多彩贵州特色文化,凝聚高质量发展的强大精神力量”。为此,贵州积极响应国家提出的文化强国和体育强国战略,贵州省委在第十一届六次全会上提出了建设多彩贵州民族特色文化强省的战略任务,针对文化建设出台新政策，实施新举措，强力打造了多彩贵州民族文化品牌，展现了贵州新形象，希冀用新时代贵州精神来砥砺青年、凝聚民众，团结一切可以团结的力量，调动一切可以调动的积极因素，熔铸磅礴之力建设富美贵州。2021 年贵州省出台《贵州省建设山地民族特色体育强省行动方案》，明确了贵州山地民族特色体育强省建设的发展目标、主要任务和行动方案，确定了时间规划表，绘就了路线图。这些政策都成为贵州少数民族体育文化发展的强大推动力。

2. 贵州少数民族体育文化面临的严峻挑战

(1) 贵州少数民族体育文化的经济基础薄弱

马克思主义经典理论告诉我们，经济基础决定上层建筑，上层建筑建立在经济基础之上。贵州省长期以来一直是我国贫困人口最多、贫困面最大、贫困程度最深的省份，资源条件差、发展底子薄、经济实力弱、人均收入低。尽管贵州省于 2020 年 11 月宣布所有贫困县全部脱贫摘帽，实现了脱贫攻坚的伟大胜利。但是，目前，我们也应该充分认识到，贵州起点低、家底薄、短板多的欠发达实情，贵州省经济上总量小，人均水平低，依然明显落后于东部经济发达省份。经济上的薄弱就会造成在文化上无法占据优势，不可能脱离物质基础而空虚地拥抱精神，贵州省经济基础的薄弱制约了贵州少数民族体育文化的发展。

(2)贵州民族体育文化与现代文化的时差性

贵州省以其绚丽多彩的民族传统文化强烈地吸引着国内外的目光，民族传统文化当中所孕育出的民族体育文化根植于农业文明的沃土之中。在贵州由传统农业社会向现代社会转型，进而进入信息社会的过程中，工业化、信息化、网络化、城镇化、大数据产业等成为重点发展方向，“文化范式”同样经历了由“农业范式”到“工业范式”，再到“服务范式”的转变过程。贵州的少数民族体育文化范式明显与这些现代文化形成的范式和当前社会需要的范式之间存在着较大的时代差距。在新时代，我们需要将少数民族体育文化资源中所体现的贵州历史积淀和文化底蕴结合现代信息社会的需要进行现代性阐释，而非无视时代的变化、经济发展、生产方式的改变，只对民族体育文化进行简单复制。要深挖少数民族体育文化所蕴含的时代意蕴，结合当前中心任务，将其精神价值内化于心、外化于行。如何做到这一点，是我们所面临的一大挑战。

(3)贵州少数民族体育文化政策存在众多问题

虽然贵州省的社会主要矛盾与全国基本一致，表现为人民日益增长的美好生活需要和不平衡不充分的发展之间的矛盾，但在贵州省更集中体现为发展不充足和发展质量不高的问题。贵州省尽管对少数民族体育文化工作高度重视，制定了一系列重要的政策和措施，促进了少数民族体育文化的发展。但在对其政策进行梳理和分析的过程中也发现了众多问题，这些问题的存在致使少数民族体育文化工作距离高质量发展还有较大距离，少数民族体育文化发展的形势依然严峻复杂。我们要在今后的少数民族体育文化相关工作中，解决政策中存在的问题，构造一套科学合理的政策体系，推动少数民族体育文化工作的高质量发展也并非一蹴而就，必须正视问题与差距，保持谦虚与谨慎的态度，以“不怕困难、艰苦奋斗、攻坚克难、永不退缩”的精神状态和一往无前的奋斗姿态解决好贵州少数民族体育文化发展中遇到的一切问题。

(二)贵州少数民族体育文化政策建设的依据与方向

少数民族体育文化的传承与发展依靠政策的引导。在具有更为复杂的新形势、新问题、新任务、新要求的新时代,少数民族体育文化政策承载着少数民族文化建设的重大历史使命,发挥着规范、引导、调整职能,其举旗定向的功能需要进一步加强。构建一个符合新时代少数民族体育文化发展规律,贴合当前少数民族体育文化发展现状,满足时下少数民族体育文化发展需要,经得起人民、实践和历史检验的少数民族体育文化政策体系是新时代的一项巨大工程,需要继续坚定不移地沿着中国特色社会主义文化建设的科学道路,明晰我国少数民族体育文化所处的发展方位和未来走向,在充分吸收和借鉴历史及域外建设经验的基础上,结合贵州实际,不断克服和弥补政策存在的问题与短板,积极探寻政策革新的根本方法和有效路径,深入推进政策内容和实施方式等方面的大胆创新,迅速将其打造成为人民信赖的重要政策力量,使之更具规范力、引导力、调控力,更具科学性、民主性、实效性和优越性,才能实现贵州民族体育文化的持续健康发展。

1. 我国少数民族体育文化政策的理论指导

没有理论指导的体育政策实践是盲目的。用什么态度、方式和理论来审视民族文化,这是解决包括民族体育文化在内的民族文化问题的首要问题。我国作为马克思主义理论指导下的社会主义国家，马克思主义民族理论、民族文化观以及我国在长期民族工作实践中形成的中国化民族理论和实践经验对民族体育文化的发展具有重要的起锚定航作用。我国在解决民族问题的实践中，始终以马克思主义民族文化观为指导，坚持理论与各少数民族文化实际紧密结合，大胆创新，做到灵活运用、突显实效。以毛泽东、邓小平、江泽民、胡锦涛、习近平为代表的中国共产党的民族文化观深切把握我国各民族特点，形成了中国化马克思主义民族文化观，不断深化对少数民族文化及其发展规律的认识，思想深刻、内容全面，推进了马克思主义民族理论在中国的发展，对少数民族文化的繁荣和发展做出了不可替代的贡献。因此，贵州的少数民族体育文化政策发展势必要坚持马克思主义和中国共产党的民族理论和民族文化观为理论指导。

2. 我国少数民族体育文化政策的思想借鉴

我国少数民族体育文化不仅包含于以马克思主义理论为指导的社会主义先进文化之中，中国社会长期以来的传统民族文化思想和西方国家保护少数民族文化的成功经验也为当代中国少数民族体育文化的发展提供了重要思想借鉴，还要不断从中汲取养分和有益启示。从中国传统民族文化思想上看，吸收了历代统治阶级处理民族问题的有效政策和历代进步思想家民族观的合理内核。从体育政策的国际经验上看，英国、美国和澳大利亚等西方发达国家在体育政策制定的民主性、科学性，政策执行中各部门的协同联动和政策评估中的第三方评估经验都为贵州的少数民族体育政策发展提供了宝贵的域外经验借鉴。

3. 我国少数民族体育文化政策发展方向定位

我国的社会主义性质和社会发展决定了少数民族文化建设必须以马克思主义社会形态理论为基础，坚持少数民族文化的社会主义性质和方向，在民族文化现代化转型和社会主义先进文化的建设中，贵州少数民族群众的传统生活方式发生改变，现代的价值观念、科学理念和生活方式逐渐树立，现代的价值观念正逐渐形成，实现了传统社会向现代社会的转型，对其少数民族体育传统文化进行合理地改造、引导和整合，使其在保持自身特色的基础上融入现代文化，实现自身的现代化转型。我国的民族体育文化要根据中国社会现代化建设的中心任务，进行与时俱进的创新型发展。所谓“现代性转化”就是要提炼民族体育文化和现代价值的契合之处，用现代人所能接受的心理和思维习惯来宣传民族体育文化，厚植民族体育文化底蕴。我们对少数民族体育文化进行现代性转化，既要克服其时代的局限和弊端，又要结合当前时代，联系贵州的发展实际，深入发掘其现代价值，使其在现代化转化中满足现代人的精神需要。

（三）贵州少数民族体育文化政策建设坚持的原则

1. 人民性原则

中国共产党作为我国各族人民利益的忠实代表，人民性是其最鲜明的特色，党和国家历来高度尊重并重视少数民族的各项合法权益。少数民族体育文化建设是切实保障和满足各少数民族人民体育文化消费和精神生活品质的根本途径。人民性作为新发展理念的核心和灵魂，理应成为新时代少数民族体育文化发展的指导思想，紧扣人民性，才能从根源上回答少数民族体育文化政策“为谁发展”“靠谁发展”的根本性问题，才能不断实现人民对美好生活的追求。作为对少数民族体育发展起着引领、规范、调控与支持作用的少数民族体育文化政策也必须坚持人民性原则方可在政策实践中获得人民的支持和前进动力，保障政策具有强大的群众基础，从而通过政策的顺利执行达到政策效益的最大化的目的。

2. 导向性原则

少数民族体育文化建设需要有一定的发展方向进行引导，以保证少数民族体育文化朝着正确的方向发展。少数民族体育文化政策要始终以我国现有的居于高位的关于少数民族体育的基本法为导向，诸如《中华人民共和国宪法》《中华人民共和国体育法》和《民族区域自治法》等。为了我国少数民族体育事业的持续健康发展，我国制订了《关于加强文化遗产保护的通知》《关于加强少数民族传统体育工作的意见》《全民健身条例》《非物质文化遗产法》和《国务院关于进一步繁荣发展少数民族文化事业的若干意见》等全国性的体育文化法规，都与我国社会主义先进文化的前进方向是高度一致的。因此，少数民族体育作为体育和文化共同的一个重要组成部分，其政策一定要始终以我国现有的法律法规和政策规定为导向，始终坚持以社会主义先进文化的前进方向为导向。

3. 整体性原则

文化生态学理论创始人斯图尔德指出，文化保护必须要有整体性眼光。在民族体育文化保护中同样要有整体性保护眼光，采用“整体性”策略，要将具体的民族传统体育文化事象放置于其生存环境中，对其自然环境、活动项目、组织形式以及核心理念进行全方位、多层次和立体化的保护，才能真正实现对民族体育文化的保护与发展。若将体育活动项目从其生存的自然与人文环境中摘离出来，孤立地进行保护，无视其生成的环境和理念，相当于对切断了瓜蔓的瓜进行单独保护，是对其自我更新、自我创造能力的舍弃，最终使优秀民族传统体育文化的根基受到损害，迟早会变质、消亡。旅游景点把民族传统体育文化单独从其孕育的背景中提取出来进行纯粹的牟利性商业表演，实质上是为了经济利益的市场经济活动，表面在保护，实则失却的是民族体育文化的灵魂。

4. 协调性原则

既然政策从本质上来讲是各种利益分配或利益关系调整的手段，那么少数民族体育政策也就是对少数民族体育中的相关利益进行分配和协调的工具。由于少数民族体育本身的多元性及其政策本身的系统性，少数民族体育文化政策实质是一个政策群，尽管在整体利益上是一致的，但因其涉及的部门、群体和个人众多，在少数民族体育相关的利益不断分化的情况下，也会存在具体部门和个体在具体利益上的冲突。少数民族体育文化政策必须协调好相关方的利益，平衡好各种利益关系，才能保证少数民族体育文化政策过程的顺畅，实现整体的民族体育文化利益。因此，少数民族体育文化政策所涉及的各个部门、各个要素之间必须坚持按照相互配合、相互协调的原则办事，才能够形成统一的政策合力。

5. 实践性原则

少数民族体育文化政策本身就是针对少数民族体育文化事业的发展现实，旨在解决少数民族体育问题而产生的。故而，少数民族体育文化政策要始终紧密地结合少数民族的实际情况，关注少数民族的体育需求，重视少数民族群众的体育实践，始终从少数民族体育实践出发，做到有的放矢，才能得到最为理想的效果。少数民族体育文化政策，应立足于贵州实际，结合贵州少数民族体育的特点，既要保证内容全面，又要对其发展具有合理保护和引领作用。政策的长期性、合理性和可操作性是关系到贵州少数民族体育文化整体目标得以实现的关键。我们可以依托贵州山地、江湖、溶洞、林草等丰富而独特的喀斯特地形地貌，结合各少数民族的文化特色，充分发挥民族自治地方的创造性，制定具有现实可行性和实践可操作性的政策，保证贵州少数民族体育文化得以传承、发展和繁荣。

6. 本真性原则

在本真性原则之下，少数民族传统体育文化的保护、传承与发展的目的在于保护一种有文化内涵的、有历史根脉的、相互协调的、处在发展中的本真的民族传统体育文化。这种保护将传统体育文化生活视作日常生活的一部分，进行活生生的本真性保护，而不是特意将其孤立地抽取出来进行单独保护。坚持本真性原则可以避免某些商业机构以保护传统体育文化为幌子，实则谋取商业利益的行为，将民族特色传统体育文化变身为商业利益诱惑下的获利工具，最终导致民族传统体育文化蜕变为脱离原生态场景（自然环境、活动内容、组织形式和活动理念）的纯粹性商业表演，失却了其深厚的文化内涵，将自身置于消失的危险境地。

7. 球土化原则

"球土化"原则（Glocalization）是现代西方在民族文化保护中出现的一个新概念，由美国的匹兹堡大学教授罗兰·罗伯逊将"全球化"（Globalization）和"本土化"（Localization）两个概念糅合而成。"本土化"是指民族传统体育文化坚持按照自身本来的生存与发展规律，在保持本民族传统体育文化特色的前提下自我发展。"全球化"是指从全球视野看待民族传统体育文化，充分吸取、借鉴域外有益经验。我国的少数民族传统体育文化政策要坚持"球土化"原则就是指在少数民族体育文化保护、传承与发展的过程中既坚持本土化，又要兼具国际化和全球化，以开阔的全球眼光吸取一切优秀的文化滋养和他国经验，兼收并蓄，一切为我所用。坚持"球土化"原则就是将"全球化"与"本土化"相结合，在更广阔的层面上推进民族传统体育文化的特色化发展。

（四）贵州少数民族体育文化政策建设的整体策略

1. 加强对少数民族体育文化的调查与研究

重视调查是中国共产党的优良传统，毛泽东同志曾经指出，没有调查就没有发言权。全面掌握事实，是决策的基础和前提，可以说没有调查就没有决策权。20 世纪 80 年代中期，我国为了编写《中华民族传统体育志》，在全国范围内对民族传统体育进行了充分深入的挖掘调查，为当时民族传统体育政策决策做出了重要贡献。如今，时间已经过去了近40年，我国的社会经济状况已经发生了翻天覆地的变化，体育事业也取得了举世瞩目的伟大成就，正向体育强国迈进。贵州省撕去了千年的贫困标签，社会的现代化程度有了很大提高，新农村建设、易地扶贫搬迁取得重要进展，贵州各族人民的生产生活方式发生了重大改变，生活水平得到了显著提升，休闲娱乐方式也出现了根本性变化。在此背景下，少数民族体育文化的存在状态必然会发生变化，要掌握这些新情况、新问题，为少数民族体育文化政策决策提供前提和依据就必须进行深入的调查研究。

目前贵州要着重加强对少数民族体育文化以下方面的调查：一是对全球化、工业化、城市化，特别是易地扶贫搬迁影响下的少数民族体育传统文化项目的数量、分布状况以及少数民族体育技艺传承人情况进行调查；二是对少数民族体育物质文化遗产与非物质文化遗产进行调查；三是对少数民族传统村落、文化基础设施建设和少数民族节庆活动中的民族体育文化元素进行调查；四是对少数民族传统生活习俗、民间信仰、少数民族生态环境以及城市化进程中的变化对少数民族体育活动影响的调查；五是对信息化、网络化和数字化等新科技进步对少数民族体育文化传承与保护方式影响的调查；六是对旅游经济时代少数民族文化产业和体育产业发展新情况和新路径的调查，以及对民族体育文化保护与开发之间的关系研究；除此以外，还需要对和少数民族体育文化相关的其他新情况进行调查。在进行充分调查的基础上，研究如何对少数民族体育文化进行分类建档，进行电子化处理，进一步为少数民族体育文化政策决策、政策执行和政策修缮打下扎实基础。

同时,还需要加强贵州民族体育文化资源谱系的学理性研究,用以弥补当前学术界对贵州少数民族体育文化资源在学术研究上的薄弱环节,深入对民族体育文化内在机理的研究分析,为少数民族体育文化决策提供智力支持与理论依据。推进贵州民族体育文化的研究需要做到三点:一是凝聚各高校、社科院、各学术团体的力量,特别是与民族院校或民族相关专业的研究机构和个人共同参与研究。二是全面对贵州的民族体育文化资源进行细致深入的普查,进而对其进行多学科的阐释。三是举办民族体育文化研讨会,开展少数民族体育研究的国内外交流和对话活动。

2. 少数民族体育文化政策体系的优化策略

(1)调整完善少数民族体育政策内容结构

少数民族体育文化政策内容的缺失、政策结构的失衡对政策效力的发挥制造了障碍,阻碍了政策效力的正常发挥。因此,需要改革和完善少数民族体育文化政策体系结构,消除由此所带来的一系列消极影响。

贵州独立性的少数民族体育政策数量少,多数嵌套于其他政策文本之内,且政策文本表述不清,缺乏具体的量化指标。因而,推进民族体育政策精准化和操作性改革势在必行。第一,现阶段要不断精减和整合纲领性和口号式的宏观指导性民族体育文化政策的数量,不断增加具有实践操作性的微观政策内容,细化权责指标,避免过多使用模糊性词汇,明确各项指标,破除重指导轻操作的政策习惯,防止政策执行阻滞,改变两类政策内容在少数民族体育文化政策体系中的比重关系，推动政策从引导式的“向哪走”转向指导式的“怎么做”，逐步实现由引导式政策为主向操作性为主的政策结构方向转变。第二，政策要在强化执行主体权利的同时，厘清不同角色的权责以及各主体之间的关系，明确责任分工，避免在政策执行中推诿扯皮现象的出现，提高不同主体参与的主动性和有效性。[51]第三，重视人口较少少数民族体育文化的保护和传承，保障各民族优秀文化在政策发展上具有平等的机会。当前一种普遍的现象是，主要关注“国宝级”民族体育文化，或是商业价值较高且能带动经济效益的传统体育项目。其后果是，具有较高商业价值和国宝级的民族体育文化呈现出蓬勃发展的势头，而商业价值低或者民族人口数量少的少数民族体育文化被选择性地忽视，使其处在面临消亡的风险之中。每一个现存民族，不论其人口多少，其民族体育文化都是经历了历史洗礼而传承至今的珍贵文化记忆，都应一视同仁地保护，虽可以有轻重缓急之分，但并不能被忽视。第四，要注重增加前瞻性政策，调整应急性政策和前瞻性政策的适当比例，形成和调动少数民族体育文化应激政策机制和前瞻政策机制的联动效应，保证政策既能够做到亡羊补牢，又能解决当前的政策问题，还可以预测未来，做到未雨绸缪，决胜千里之外。第五，政策体系要以少数民族体育文化的现实发展需要为准绳，持续加快自身的新陈代谢，加强少数民族体育文化政策评估体系建设。

(2)加大少数民族体育产业政策内容比重

文化产业是指从事文化产品生产和服务的经营性行业，可为少数民族文化提供发展的物质基础，是解放和发展少数民族文化生产力的有效途径，是促进少数民族文化产业繁荣的突破口。在当前的社会主义市场经济条件下，少数民族体育文化所具有的经济属性激发着少数民族体育文化政策的经济效能，并主要体现和彰显于少数民族体育文化产业开发和文化市场经营管理上，其作用的发挥也同样必须建立在文化产业开发与市场经营管理通盘筹划上。

在贵州少数民族体育文化产业开发政策的层面，通过引导和扶持，加快少数民族体育文化产业化进程，增加刚从贫困中走出来的少数民族群众收入，显得极为重要。首先，增加少数民族体育文化产业开发政策数量的供给，并全面提升其质量，解决还处于发展初级阶段的少数民族体育文化产业中的各种问题，缓解政策的缺失，消减产业发展乱象。其次，突出“开发与保护并重”原则，推动少数民族体育文化产业可持续发展。少数民族体育产业开发的根本目的是推动少数民族体育的传承发展，构建良性的少数民族体育文化产业健康可持续发展环境，绝对不能因为经济利益而对不可再生的体育文化资源造成破坏、扭曲甚至流失。最后，加大少数民族体育文化产业化政策的扶持力度，建立健全“发展支持性政策为主、以保护救助性政策为辅的结合型”的产业政策方式，最大化地提升政策扶持的实际效果。我国计划经济条件下的少数民族文化长期实行保护性救助政策，主要强调国家对少数民族文化传承发展的责任和义务，曾对少数民族体育文化保护发挥过重大作用。在目前的市场经济条件下，其缺陷在于：一是政府决策压抑了少数民族群众对本民族体育文化发展的内在需求，致使其文化创造的内在积极性受到抑制。二是因受社会发展水平和公共财政预算的制约，少数民族体育文化的保护效果往往被打了折扣。新形势下，基本的文化需求可通过公共文化服务体系得以满足。大部分文化需求可以通过市场得以满足，基于市场经济的社会环境，少数民族文化发展支持性政策强调对少数民族体育文化主体文化权利的尊重和个体间的公平，采用以法律调控为主，财政支持为辅的手段，支持少数民族体育文化的发展。少数民族群众在本民族文化传承创新上的选择权和自主权以及文化创新活动受到充分尊重和鼓励，通过激发少数民族群众的热情促进其体育文化整体性发展。鉴于两种性质政策各自的优劣，采用以发展支持性政策为主、以保护救助性政策为辅的结合型政策模式，更有利于少数民族体育文化的保护、发展与创新。

(3)健全少数民族体育文化市场经营政策

为增进少数民族体育文化市场形成稳定有序、公平合理的常态化良性市场氛围和文化产品服务经营交易秩序，贵州省必须在少数民族体育文化市场的监督、管理、引导、协调、调整等方面形成和建立行之有效的监管政策。首先，建立健全专门系统的少数民族体育文化市场监督管理机制，以专门机构进行精准执法，避免因“政出多门”而造成的市场乱象；其次，唤醒少数民族体育文化市场经营管理政策中对经营理念、经营规模、经营方式等方面的指导功能，帮助少数民族地区文化市场建立起科学长远的经营理念和发展规划，拓宽经营渠道和经营方式，稳步提升经营规模和经营效果，朝着集约化的少数民族体育文化市场目标和发展格局迈进;最后,建立健全与少数民族体育文化市场监督管理政策相配套、相适应的长效惩戒机制,用以强化政策的约束力和强制力,对各类经营违规违法行为进行处罚、警戒和打击,推进监督管理政策高效执行。[52]

(4)打造贵州少数民族体育文化赛事品牌

在坚持少数民族体育文化保护、传承与发展的前提下,加强少数民族的文化内涵建设,采用市场化手段打造一批具有国际影响力、国内知名的少数民族体育文化资源的运营、民族体育文化旅游观光和传统赛事等特色文化品牌,促使少数民族传统体育进入日常生活,让它们成为人们文化生活需求的一部分,将被动的保护转变为主动的创新式发展。一是要在民族体育旅游开发中善于利用金融、科技、大数据等现代化手段,创新民族体育旅游资源展览,打破民族体育旅游的资金瓶颈,发现不同类型游客的民族体育旅游偏好,创造民族体育旅游品牌。二是要加强民族体育旅游资源省内互联互通,搞好旅游基础设施建设,着力打造一批民族体育特色旅游线路。比如,2021 年贵州省在铜仁市举办的国际山地旅游暨户外运动大会和第十六届贵州旅游产业发展大会,可以把贵州的民族传统体育融入进来。[53]三是要深入挖掘民族体育文化资源,持续完善、不断创新,打造贵州民族体育文化活动品牌赛事。举办少数民族传统运动赛事,扩大赛事规模,增加民族传统运动项目比赛种类,培育一批国家级品牌赛事。2010 年在贵州黔东南举办了“多彩贵州民族体育旅游节”等具有贵州特色的品牌赛事,带动了体育产业化的发展,培育了贵州经济的新增长点。2018 年贵州省紫云县举办的中国攀岩联赛，以古老的民族绝技，塑造了攀岩赛事和体育文化旅游品牌，推动了紫云县体育产业发展。四是培育少数民族特色文化表演精品。着力开展以民族特色文化为主题的贵州少数民族传统体育文化发展的专家会议，举办以健康养护、户外知识与技能、人格塑造为主题的贵州少数民族传统体育文化活动。贵州省紫云县利用国际攀岩节的平台，通过举办文化论坛、安排情景剧表演和建立攀崖文化基地的方式将格凸攀崖技艺文化推向世界，并由此形成了民族特色深厚、体育元素突出、旅游要素显著的体育文化旅游品牌。五是优化贵州少数民族传统体育装备制造业的结构，支持各地围绕贵州少数民族独特的地势、地貌、资源分布特点，优化空间布局，积极推进资源相近、产业互补、供需对接的区域良性互动，民族区域联合形成民族传统体育特色产业集聚区和产业项目链。[54]

3. 解决少数民族体育政策决策过程中问题的策略

(1)提升少数民族体育政策决策的民主性和科学性

少数民族体育文化政策的民主与否，是政策执行是否遭遇梗阻的关键，决定着政策目标和成效的实现程度。中国的民主是人民之治，各族人民是民族文化的创造者，各族人民群众拥有通过文化领域的民主制度和民主形式，共同行使管理体育文化事业的权利。有效供给理论也告诉我们，政策决策应立足于社会公众需求，吸纳公民参与。近年来，地方政府积极进行体育政策供给，建设惠民体育场地设施，却并没有完全换来社会公众热情的支持，其主要原因在于政策决策忽视了公民的民主参与。公民参与体育政策决策是我国人民当家作主的社会性质所决定的,同时又有有效供给理论的支持,对于提高政府决策的民主性,提升政策质量,推进政策执行,达成政策目标,实现体育治理现代化都具有重要意义。在体育强国建设的新时代,融合政府、市场、体育社会团体以及个人等多元利益主体共同参与的体育决策已成为必然的选择。在未来的民族体育决策中,应充分吸纳各利益主体参与,就政策目标、公众需求、决策主体等政策信息主动向社会各界公开,畅通并扩大广大群众参与民族体育政策制定和实施的制度化渠道,建设协商平台,建立民族体育政策决策信息和智力支持系统。建立政策决策参与主体制度,确保专家、社会公众、体育社团和行业咨询机构参与民族体育政策决策,力避政策决策、执行和评估集于一身的集权现象。在程序要素上,一是建立信息公开制度。在政策制定环节及时向社会公开政策依据与目标、公众利益需求、决策参与主体等信息;在政策执行环节及时公开政策内容、执行主体、执行范围和时间节点等信息。二是建立民意调查制度。在民族体育政策决策环节,政府要通过问卷调查、社区访问、舆情分析、公众平台等方式收集公众意见。三是建立协商谈判制度,对民族体育政策供给听证程序、听证实施方案、听证事项、听证公告的内容范围、听证报告的拟定等问题做出清晰的规定,明确听证的程序与规范。可以借助政府官方网站、政务微博和政务微信等新媒体及时跟进关注各参与主体间的沟通协商及其利益需求表达,强调各利益主体间的协商与协作。鼓励少数民族群众、体育专家学者、研究机构等社会各界人士和团体机构通过咨询会、论证会等多种方式参与民族体育政策的制定和实施过程,倾听多方声音,或者通过网上办公和公众微信号等收集多方意见，共同出谋划策，提高政策的科学性和可行性。避免“自上而下”的强制性无效供给，进而达成多元利益主体协同、有序、民主的政策决策目标。[55]在当前的贵州民族体育文化政策决策过程中，我们只看到了政府部门和专家的身影，几乎完全看不到民族体育文化的创造者、拥有者和传承者所发挥的作用。也就是说，民族体育文化的主体在政策决策过程中的价值被忽视了，被政府和专家代表了，他们没有参与政策决策过程的渠道，也就无法表达自己合理的利益诉求。在政策决策过程中，群众的参与是政策反映民意民情的重要手段和途径，政府理应给予少数民族群众赋权，支持其政策参与，充分尊重民族体育文化拥有者的主体地位和其权益。同时也应该将对民族体育文化保护持有不同意见的人吸纳进来，让代表不同利益的不同人员，以及持有不同观点立场的人员在一起充分交流、讨论、争辩，寻求最大公约数，从而保证民族体育文化政策的科学性和民主性，将民族体育文化保护中的个人利益、群体利益和国家利益统一起来，提高政策的社会认同度，降低政策执行的梗阻，提升政策执行效力，更好地服务于国家民族体育文化的大发展。

(2)推进少数民族体育政策执行的有效监督

少数民族体育文化政策旨在通过政策执行，服务于广大少数民族人民。任何政策都不具备自动执行的能力，有好的政策也不一定有好的执行，少数民族体育文化政策执行需要有健全的监督机制才能予以保障。对民族体育文化政策执行进行有效监督的前提是要明确民族工作部门、体育部门和文化部门等少数民族体育文化政策监督的主体部门及其岗位责任，实行监督工作制度化和常态化，制定政策的具体实施办法，尽可能将政策内容具体化和指标化，保障监督工作能够落到实处。在执行政策时，实行责任制，对于玩忽职守的政策执行机构和人员进行追责和惩戒，确保政策能够真正贯彻落实到位。在监管方式上应由依靠监管人员传统的事后监管转向运用大数据、互联网技术为主的事前和事中的专业智能化监管。组建一支能够熟练运用信息技术的专业智能化政策监管人才队伍，搭建省域内少数民族体育政策执行实时监控平台，从而对各地市州及县乡等地方政策执行进度、力度和质量等信息进行收集、整合、分析、研判、反馈的综合监管体系。具体可采用以下措施：一是通过省内高校人才培养的方式，组建起既熟悉监管理论又具有实操能力的民族体育政策执行专业监管队伍和相应的支持体系，保障其长期持续发展。二是引进"第三方"专业监管，在审核其合法性、独立性、资质注册审核等问题后，对民族体育文化政策执行进行监管，弥补政策监管的不足。三是通过高科技监管技术，搭建民族体育文化政策执行监管平台，充分利用互联网和信息技术实现对地方政府政策执行的即时智能监管。[56]四是要建立政府公众号等反映监督意见的有效渠道，及时跟进各种监督意见建议，提高社会公众参与监督的广泛性。

(3)政策评估与追责并举提高政策执行力度

只有坚持实效评估与追责整改两翼并进，建立政策过程监控、结果反馈、倒逼落实的长效机制，才能切实提高政策的执行力度。

坚持开展少数民族体育文化政策实效评估是对政策实施效果的检验，科学全面的政策评估是政策体系进行优化的前提。少数民族体育文化政策评估需要制定一套全面、合理、科学的评判标准，选择合理、科学的评估方法和模式，将短期评估与长期评估相结合，定性分析与定量分析相结合，价值分析与事实分析相结合，客观公正地对少数民族体育文化政策执行效果进行评价。少数民族体育文化政策评估涉及面广泛，政治、经济、社会、文化、教育、民族和体育都会涉及其中，必须成立由多方相关专业人士组成的专门性评估机构，对民族体育文化政策执行效果进行全面、客观、系统、科学的评估，以确保评估结果的真实性。健全专门适用于少数民族体育文化政策整体及单项政策的评价办法，根据不同的少数民族体育文化政策方向分别制订明确具体、切实可行的评估指标体系和评分标准，保证对政策的执行效果有一个科学客观的评价，及时发现政策的疏漏、明确政策改善的方向，提升政策执行的力度和效能。同时，要建立少数民族体育文化政策绩效考核分级制度和政策效能预警机制，针对难以执行到位的政策内容及时进行调整完善。还要将广大少数民族群众、新闻媒体、民族体育社团和民族体育传承人等对少数民族体育文化政策执行效果的评价作为评估的重要参考，完善政策评估体系。[57]

在政策执行追责整改层面，应当建立健全专门属于少数民族体育文化政策的集纠错、整改、追责于一体的制度体系，作为一种对政策执行实效评估体系及其评价结果的回应和善后机制。政策执行追责整改机制必须长效化、常态化、威慑化、体系化。作为少数民族体育文化政策执行层面发现问题、诊断问题、解决问题、消除问题影响的制度，其主要职能应当包括提出整改意见、审定整改方案、追究相关责任、惩戒责任对象、督促整改落实、检查整改过程、验收整改结果、提出后续建议等内容，在必要时拥有应急启动政策裁撤程序或者执行终止程序的职能权力，为少数民族体育文化政策的正确实施扫清障碍，精准有效地解决引发政策执行不力的根源性和基础性问题，防止政策内容失去应有的实效性。

4. 破解少数民族体育政策运行中问题的策略

(1)以适度的政策变通保障政策活力

政策创新是政策不断发展走向完善的根本手段，是为了应对新情况、解决新问题、开拓新未来，解决少数民族体育文化建设中的政策需求的问题的过程。任何一项少数民族体育文化政策都是旧政策的创新，是未来政策的创新之基，它们通过持续的创新过程不断完成对陈旧政策的继承和超越，始终为下一步政策奠基。因此，少数民族体育文化政策的完善，必须始终将政策创新摆在至关重要的位置，深入加强政策创新，建立健全少数民族体育文化政策创新机制和激励机制，在各地间广泛开展政策经验交流，相互学习经验，吸取教训。

在政策变通上，首先，要吃透政策变通的根本目的，完善政策变通的监督审查机制。少数民族体育文化政策的变通是为了克服少数民族体育文化建设中存在的教条主义和形式主义，追求的是突破部分刻板条文的限制来实现政策执行绩效的最大化。为防止变通原则和方式被随意使用或者被别有用心的人滥用，必须通过严格的审查程序和监督程序来加以规范和限制，以保证政策变通目的的合理性。其次，要把握和维护好政策变通的适切性，事先做好政策变通的监测分析方案和前景分析预测，并将之作为一种常态化的工作流程和工作机制，防止将变通随意化，导致扭曲政策原意。

(2)建立民族政策履责与联动并举机制

少数民族体育政策作为一个政策群，其单项政策职责的履行与多项政策的联动协作是发挥少数民族体育文化政策整体功效的必要条件。新时代少数民族体育文化政策要在政策履责与政策联动双向并举上，形成科学合理、切实有效的政策实施机制，才能充分展现出少数民族体育文化政策的积极效能。非物质文化遗产保护是社会主义文化事业的重要组成部分，在《关于加强中国非物质文化遗产保护》中明确强调，要发挥政府在非物质文化遗产保护中的核心作用，建立协同配合的工作领导机制，要求由文化部门牵头，各相关政府部门、高等院校、企事业单位、民间文化团体等部门在非物质文化遗产保护工作上都要参与进来，相关领域、相关部门、组织和单位都要参与到制定和实施少数民族政策法规的过程中来。

在政策履责上，首先要深刻认识少数民族体育文化政策之于少数民族体育文化建设的重大现实意义及深远时代价值，建立起少数民族体育文化工作岗位的职责制度、职业道德培训机制、从业人员进修制度，提升专业工作者的专技能力和责任意识，使其以主人翁的姿态投身于少数民族体育文化事业，从根本上提升政策执行效益。其次要建立健全少数民族体育文化政策执行目标责任机制，以常态化的工作台账、工作日志、任务清单、权责清单制度，强化责任意识、明确职责分工、落实责任到人，推动少数民族体育文化政策的履行常态化、精细化、责任化。

在政策联动上，建立包括政策联动基本原则、启动方式、运行方法、效果评估、经验总结、整改完善等在内的政策联动机制，推动不同层次、不同类别和不同性质的少数民族体育文化政策在执行中相互协作与联动，共同发力，实现政策联动效能。在贵州省的少数民族体育文化保护事业中，也涉及众多的行政领导部门。首先，贵州的少数民族传统体育大多是伴随着民族节庆活动、民俗活动、宗教祭祀等活动开展的，与贵州各少数民族的民俗文化、节庆文化、宗教文化等交织共存，这些活动的领导和管辖属于省民宗委的重要工作范畴。因此，贵州省民宗委理所应当成为民族体育文化保护的主要管理部门，肩负着少数民族传统体育文化事业发展的权利、责任和义务；其次，贵州少数民族体育为广大贵州人民群众所知所爱，是贵州群众体育的一项重要内容，是贵州体育事业发展必须重视的重要组成部分，因此省体育局在民族体育文化中承担着不可推卸的主要责任和义务，对其的保护、支持和配合不可或缺。再次，民族体育文化的传承与发展是教育部门的重要功能之一，其保护和传承当然无法离开教育系统的支持，世界体育的发展史也表明，学校体育教育是民族体育文化保护与传承的基本途径，教育部门也承担着重要的职责。贵州从 2002 年实行民族文化进校园活动至今已有 20 年，贵州省教育厅一直是该项活动的最高行政领导部门。最后，民族文化是文化部门的重要工作之一，民族体育文化作为民族文化必不可少的组成部分，作为文化事业主管部门的贵州省文化和旅游厅因此也承担着贵州民族体育文化保护与传承责任。

由此可见，在贵州的少数民族体育文化保护中，涉及的关键部门主要是省民宗委、省体育局、省教育厅和省文化和旅游厅等。同时也离不开省财政厅、省人社厅等行政部门的财力、人事等方面的支持和配合。因此，在贵州省的少数民族体育文化保护中，理应响应中央号召，树立大局观，消除部门与行业之间存在的壁垒，清除所固有的体制性障碍，加大部门间、领域间与系统间的民族传统体育文化的协调机制建设。具体而言，建立以贵州省体育局为主导，省民宗委、省教育厅和省文化和旅游厅等全面参与和配合的民族传统体育管理体制，既明确各部门的责任，又要求各部门的相互配合，突出贵州省体育局在贵州少数民族体育文化保护和传承中的管理主体地位。可以由贵州省体育局作为牵头单位，全面负责推动贵州少数民族传统体育文化事业的保护与发展，在制订的综合性体育发展政策中关注民族体育发展，并配合以专门的民族体育发展政策和措施，发挥其体育人力资源的优势，为参加全国少数民族运动会进行统筹谋划，为贵州各级各类少数民族体育赛事的筹备、组织以及推广等方面的工作提供业务上的指导和人力资源上的支持，为贵州各地少数民族传统体育基地的建设与发展提供从发展思路到硬件设施、日常训练等方面的指导与帮助，建立与各民族传统体育基地挂靠单位的日常工作机制，共同盘活、整合拓展各基地的各类资源，定期对各基地进行评估，表彰先进，激励后进，推动基地的发展升级；省民宗委应在关注贵州少数民族事业全面发展的同时，加大对贵州少数民族传统体育文化的关注，重视少数民族体育文化的抢救、挖掘、保护、传承工作，在制订相关政策时尽可能地专门开辟少数民族传统体育文化版块，体现少数民族体育文化在民族政策中应有的地位，保障其受到应有的重视，进而达到促进其健康发展的目的；省教育厅应在民族文化教育中加强管理，通过各种措施解决民族体育文化进校园中出现的师资紧缺，经费难以保障等方面的问题，保证民族体育文化进校园活动的顺利开展；省文化和旅游厅也应当认识到少数民族体育文化是民族文化的重要组成部分，少数民族体育文化保护也是本部门的一项工作责任，应该予以积极配合。其他的行政部门，诸如省财政厅、省人社厅等也具有少数民族体育文化保护相应的责任，也应对该项工作予以经费和人力资源等方面的支持。总而言之，在贵州少数民族传统体育的组织管理系统内部应该明确各部门的主要职责，协调好各种关系，同时搞好与外部相关部门关系，最大程度地发挥其控制、协调和整合功能，为贵州民族体育文化管理体制的正常运转提供保障，实现贵州少数民族体育文化政策的最大效力。

(3)以宣传、人才和经费构筑政策施行之基

少数民族体育文化政策执行的两大关键基础分别是群众基础和人才基础。少数民族群众的认知、接受和认可是政策获得群众基础的前提；人才提供的“智力引擎”是保证政策效能最大化的关键。因此，广泛开展少数民族体育文化政策的宣传普及教育、不断完善和改进少数民族体育人才资源可持续发展的政

策机制，对于整个政策体系的推行和实施有着十分重要的实践意义。

巩固政策群众之基，就必须加大少数民族体育文化政策宣传教育的力度、广度和深度，增强群众珍视少数民族传统体育文化的意识，这是打牢政策群众基础的根本途径。贵州多项少数民族体育项目被列入非物质文化遗产，代表着珍贵的历史记忆，具有重要的价值，应该通过宣传提升民众对少数民族传统体育等非物质文化遗产的保护意识，唯有如此，少数民族体育运动项目才能在少数民族地区逐步得到真正的普及。明确政府对民族体育运动进行宣传的职责，对宣传人员安排、时间、地点和宣传效果回访等内容作出规定，“老方法”与“新思路”兼备，开发“新载体”、采取“新方式”。不断与时俱进、开拓创新，在新技术、新媒体上多揣摩，充分利用信息化、网络化宣传教育手段和人民群众乐于接受的宣传方式，摆脱老套的政策宣传困境，开拓新天地，激发其主动参与政策建设的热情，持续推动少数民族体育文化政策朝着理想方向迈进。贵州省民族体育的各级主管部门要加强多方协作，积极宣传推广少数民族传统体育文化。一是要融入公共宣传，可以利用公共宣传、公益广告等形式突出优秀传统文化精华部分；二是要融进机关文化、企业文化建设中去，把贵州的优秀民族体育文化融入机关和企业工作中去；三是要融入乡村文明建设当中去，让民族体育文化融进现代乡村文明，提升村民的文化素养，助力精神文明建设；四是融入学校。学校作为民族体育文化宣传的另一主要阵地，也不容忽视。贵州的各类学校要创新宣传方式，借助校园广播、校团公众号、新媒体等校园媒介，大力宣传少数民族传统体育价值，让大中小学生在潜移默化中感受到少数民族传统体育文化的丰富多彩和独特魅力，深化其对少数民族传统体育的认识和理解，不断扩大其影响。通过以上多方宣传，让贵州少数民族体育走进每一位贵州儿女的内心，建立起对自己民族传统体育的文化认同、文化自信和文化自觉。

人才是各项事业发展中最活跃的因素，少数民族体育文化人才则是少数民族体育文化发展中的最活跃的因素，他们能够为少数民族体育文化发展做出重要贡献。强化政策人才之基，需要千百万专业人才来支撑少数民族体育文化事业这一复杂系统，其数量与质量关系着少数民族体育文化建设之成败，是实现少数民族体育文化政策目标的制胜法宝。因此，构建科学的民族体育文化人才发展战略、完善人才培养机制、营造尊重人才的良好环境是巩固和强化少数民族体育文化政策体系人才之基的基本途径。可从以下途径着手：第一，细化具化少数民族体育文化人才培养政策，明确人才选拔和培养的目标和方式，利用高校培养民族体育文化相关专业人才，以优惠政策激励高校与民族体育文化相关毕业生从事民族体育文化工作；第二，强化实化少数民族体育文化人才引进政策，按需选才，活化人才引进方式，提高人才待遇，营造良好的生活环境和工作氛围，保障人才留得住用得好，做到人尽其才，才尽其用；第三，大力挖掘本土民间少数民族体育文化传承人，重点培养和保护少数民族体育项目传承人，加大对在少数民族体育文化传承工作中表现优异的少数民族体育项目传承人的物质和精神奖励力度；第四，建立完善人才激励机制和政策，明确人才优先发展的导向、措施和细则，畅通、简化人才晋升渠道，给予特殊人才以绿色通道，保障其职务和职称的晋升，建立与业绩挂钩的绩效分配制度，对少数民族体育文化事业做出突出贡献的人才予以重奖，激发各类少数民族体育人才的工作积极性；第五，不断加强培训与选拔工作，建立少数民族体育文化工作者轮训制度，加强人才培训，分期分批提高其业务水平，通过造就一大批技术骨干提高少数民族体育文化政策执行实效。

就贵州民族体育人才而言，可将其分为四类，针对不同类型的人才要有不同的策略。针对民族体育教育类人才缺乏问题，可以探索高校和各级各类学校进行对接，根据各级各类学校的人才需求状况，建立订单式培养模式，既可解决高校民族体育专业毕业生就业问题，又可以满足各级各类学校对民族体育教育人才的需求，在解决上述两大问题的同时又推动着贵州少数民族体育文化的保护、传承与发展。目前，贵州只有贵州师范大学开设有民族体育本科专业，也就是说可以探索贵州师范大学与其他各级各类学校合作建立订单式培养模式。若这样一所高校无法满足全省各级各类学校民族体育教育类人才需求，可在全面调研的基础上，考虑在贵州民族大学及其他高校增设民族体育专业来培养民族体育教育人才。针对民族体育文化产业类人才缺乏问题，贵州可采取内培外引加激励的措施进行解决。所谓内培，就是在体育文化企业内部单独建构人才培养基地，于文化产业实践中造就所需要的体育文化专业方面的人才。也可以通过省内的文化企业与高等院校联合合作建构，以校企联办的形式，建立订单式培养机制，尝试在学校中开办文化产业类的专业，并在该专业中加强学生民族体育文化教育学习，通过多学科的学习实践，培养出既掌握民族体育知识又能够进行文化产业经营管理的人才。所谓外引，就是通过制定一系列的体育产业人才引进的优惠政策，以此来吸引各地行业中的优秀体育文化产业人才来贵州工作，以外来智力支持促进文化与科技的融合，从而实现体育文化产业的创新发展。所谓激励，就是贵州省政府与相关文化企业还必须建立起人才激励机制，保证培养和引进的人才充分展示才能，实现人尽其才。[58]针对优秀民族传统体育运动人才缺乏，后备力量不足的问题，可以采用四项措施予以解决。第一是在少数民族传统体育训练基地建设上加大投入的力度。在地方高水平民族体育运动人才的培养上，基地既是一条重要的培育途径，也能够为其进一步发展提供平台，省政府和市州县给予经费和政策的大力支持。第二是建立并完善贵州优秀民族传统体育运动员深造方面的政策，保证获得优异运动成绩的民族体育运动员能够获得进一步深造的机会，激发大批青少年参与民族体育运动热情。第三是彻底落实国家和贵州所颁布的关于运动员保障性的政策，进一步为优秀民族传统体育运动员提供更多更优质的教育机会，协助其在体育方面就业，促进其为民族体育做出更大贡献。第四是健全完善贵州民族传统体育相关奖励机制。结合贵州省情，参考其他省份的奖励制度，建立贵州少数民族传统体育运动会奖励机制和制度，注重精神奖励，兼顾物质奖励，赛前激励与赛后奖励兼具，激励参赛动力和训练热情，以此培养更多的优秀民族体育运动人才。[59]针对民间民族体育人才相对缺乏的问题，必须从现有民族体育传承人和潜在传承人两方面入手。一方面加强对现有民族体育传承人的保护，从政策、资金、机制等方面入手，保障其权益，使其尽到传承保护少数民族传统体育文化遗产的责任和义务，充分发挥其在体育非物质遗产保护和传承中的核心作用。一是针对不同类型的传承人制定合理有效的保护计划，采用因人因地制宜的保护方法，健全任用、考核与奖励政策，为其创设良性的发展空间。二是加大经济扶持，使其在传承活动中无经济压力和后顾之忧。目前国家级“非遗”传承人每年的补助金从 1 万元增加 2 万元，贵州也应该对其进行相应的配套补贴，适当提高相应的补助金额度。另一方面是关注潜在传承人的问题，即注重尚未被政府正式认定的民间体育传承人的挖掘和征用。贵州民间仍散落着部分热爱并自觉保护民族体育文化的民间老艺人，虽然他们缺乏世界眼光、科学知识、经营经验，但他们对民族体育文化有着深厚的情怀，深知其中蕴含的文化价值和民族信仰。他们是民族体育文化方面的活字典，对其进行重用，发掘其与其他技术结合的价值，必将使民族体育文化大放异彩。

经费投入是少数民族体育文化发展的基本物质条件。民族传统体育文化事业是公共性的事业，必须由各级政府主导与实施。在市场经济条件下，应该积极探索并构建以政府投入为主，社会力量为辅的文化建设投入新模式，逐步建立国家、社会、集体和个人相结合的多渠道投入体系和机制。积极探索个人捐资、社会筹资、引进外资、利用民资等多种办法，保障民族体育的投入。我们要在适度财政支持的基础上，结合贵州省实际，建立省级少数民族文化发展基金，在内部设立少数民族体育文化发展专项资金，根据财政部和国家民委制订的《少数民族发展资金管理办法》，制订贵州的实施细则，对资金安排、使用范围、资金申请、预算管理等问题进行具体安排，提高资金的使用效益。坚持“政府出资、专家管理、社会监督、面向社会、间接资助”原则，通过政府投资拉动，广泛吸纳社会资金参与少数民族体育文化建设，坚持“谁投资谁受益”的原则，以优惠的投资政策、良好的投资环境，积极鼓励和支持各种所有制经济组织和个人参与少数民族体育文化项目的开发建设和投资经营。鼓励、支持和引导民间资本通过共建县乡文化团体、新建文化活动场馆、兴办文化产业等方式，在缓解财政负担的同时，为少数民族体育文化的发展注入新的活力。还应建立相应的监督制度，对少数民族体育的各类经费进行有效监督，保证资金的专款专用，发挥最大的效果。

(五)贵州少数民族体育文化政策建设的具体策略

1. 充分利用贵州少数民族体育文化保护平台

生态博物馆和文化生态保护区既是少数民族体育文化保护的主要平台，也是目前世界文化生态保护的具体经验。世界上的生态博物馆最先于 1971 年由法国人提出，它依靠原住民的文化自治，将文化遗产放置在其赖以产生的原产地进行活态性、整体性保护和展示。1995 年贵州建成的梭嘎民族文化生态博物馆是中国的生态博物馆真正开启的标志，目前国内所建的民族生态博物馆已经达到 16 个，其中贵州有 4 个，它们为包括民族传统体育文化在内的民族文化的保护积累了丰富经验。文化生态保护区是我国结合民族实际,对非物质文化遗产采取区域性整体保护的另一种行之有效的创新性实践保护模式,主要是在民族民间文化形态保存相对比较完整并具有特殊价值、特色鲜明的民族聚集地,分级设立文化生态保护区。截至2020年我国已经建成23处国家级文化生态保护区,贵州黔东南的民族文化生态保护实验区2012年12月设立,[60]省市级文化生态保护区更多,它们为保护包括民族传统体育文化在内的民族文化积淀了许多经验。在生态博物馆和文化生态保护区,传统体育文化保护可做以下工作:一是,建立民族传统体育文化保护机构,与贵州的民族文化生态博物馆和黔东南民族文化生态保护实验区进行实际联系,争取生态博物馆和文化生态保护区对传统体育文化工作进行政策和资金上的大力支持。二是,贵州传统体育文化研究学者与民族音乐、民族舞学、民族戏曲学等学者协作,深入民间挖掘、整理富有特色的民族传统体育文化,以申报国家级和省部级课题的形式加强研究。三是,培育生态博物馆和文化生态保护区内的传统体育文化传承人对传统体育文化的自信心、自豪感、认同感和归属感,并支持其传承传统体育文化。四是,倡导生态博物馆内和文化生态保护区内的文化企业家积极主动投入资金,帮助和兴办传统体育文化产业。

民族传统节日是少数民族文化赖以存在的又一重要载体,具有深厚的历史底蕴和现实的本土性,承载着各民族对传统文化的深刻记忆,不断追忆、挖掘、保护和创新各民族的传统节日文化,实质上是一种重要的文化生态保护形式。民俗节日的传承者往往是某个族群集体，是其集体的文化记忆，表现的是族群的认同和自豪。民族节日中包含了祭祀性、娱乐性的身体运动文化，如侗、壮、苗等民族的花炮节所开展的抢花炮、赛马、舞狮、跳芦笙舞，黔东南清水江上苗族龙船节所开展的赛龙舟、赛马、跳芦笙、斗牛等体育活动，这都是民族传统体育文化保护的范围。在利用民族传统节日方面具体可从以下方面着手：第一是，以区、县教育体育局为重点单位，在与民族宗教事务部门紧密沟通的基础上，设专人负责，配备专门基金。第二是，传统体育文化研究者要深入民族民间挖掘、整理富有民族特色的传统体育文化节日。第三是，吸引各企业和旅游公司利用节日机会进行投资、洽谈、合作等利益行为。在充分借助少数民族传统节日的同时，需要注意的是民族传统节日要以体育文化保护为核心，避免过度商业化导致民俗节日的异化。

2. 注重基层少数民族传统体育运动会的举办

贵州省作为一个多民族省份，不论怎么说民族体育运动会仍不失为民族传统体育文化的传承、保护和发展的重要途径。因此要制定合理的少数民族传统体育运动会制度，使不同级别的运动会配合好，突出各自优势，避免各自缺陷，共同推动少数民族体育文化的发展。在以往对大型民族体育运动会重视的基础上，应更加注重举办基层民族体育运动会。[61] 在少数民族传统民族节日、农闲季节、法定节假日、春节等积极开展民族体育活动，在各少数民族自治地区举办体育运动会。鼓励县、乡镇基层举办具有本地民族特色的各类体育比赛活动，激发大众参加体育活动的热情。具体可从以下几点着手：第一，将民族特色的运动会的举办权下放到基层村镇，由村老、寨老组织，让村民担当起“守夜人”角色，既能保证民族传统体育的本真形态，又能避免运动会中因利益争夺而产生的各种丑恶现象。第二，设立鼓励大众参与民族体育运动会的奖励制度，对积极参与和组织民族体育活动且有突出效果的个人和组织给予奖励，以激发个人和组织参与民族传统体育的积极性，使传统体育项目得以更好地交流，促进其传承。第三，传统体育文化研究者要深入到各民族村寨，对传统体育文化进行挖掘、整理，指导运动会的举办，并帮助、鼓励身怀民族传统体育文化绝技的老人将技艺传承给下一代。第四，村寨中的每一个人都承担着传承和保护本民族传统体育文化的责任与义务，都是民族体育文化传承主体，都有义务为村落民族传统体育运动会的举办做出贡献，运动会的经费应在政府资助的基础上，鼓励本村寨出身的企业家出资赞助，在为企业冠名做宣传的同时，也推动民族体育文化的发展。[62]

3. 完善贵州民族体育文化进校园的政策建议

政府部门、专家学者和教育工作者等机构和个人已经在民族传统体育文化回归学校体育的道路上展开了有益的探索和实践。早在 2002 年，贵州省教育厅、省民宗委就联合下发了《关于在贵州各级各类学校开展民族民间文化教育的实施意见》，规定民族民间舞蹈、民族体育要进入到学校教育当中去。另外，“非遗项目进学校”活动也将传统民间体育和竞技等“非遗”项目推进到学校中来。

从政策方面，建构一套从民族体育文化进校园政策制定、政策执行到政策反馈的科学评估体系，对该政策进行科学评估，改变原有的单一性简单评估，是提高政策评估科学性的必要环节。首先，对贵州民族体育文化进校园政策评估采用正式评估为主，非正式评估为辅，以两者结合的方法进行，取长补短。对评估的主体、内容、方式方法以及评估程序做出严格的规定，并制定出严格的评估指标体系。在评估主体方面，由于民族体育文化进校园政策涉及的部门和个人是多方面，评估主体必须多元化，才可能达到评估结果的客观性。评估主体应由体育、教育、民族、文化等政府部门的领导、专家，学校系统中的领导、教师和学生，以及民族体育的传承人、少数民族群众等构成多元评估主体。修改《关于申报第五批民族民间文化教育项目学校的通知》中第四条关于既让学校作为承担者开展相关的民族体育文化教育活动，又让其作为单一评估主体进行评估的规定，这种单一主体进行的评估是不可能得出客观的评估结果的。只有让其他评估主体参与其中，形成多元评价主体，才有可能得出客观的评价结果。在评估内容方面，贵州省教育厅和省民宗委等应将执行学校数量、投入经费、师资队伍结构、民族文化传承路径、涉及民族种类等列入评估内容指标体系，并经专家论证其全面性和科学性后予以确定。在评估方法方面，要将定量方法和定性方法结合起来进行。具体而言，对于各县市区在体育文化进校园活动中师资力量、经费投入、开展时长和频率等可有明确数量测量的方面采用定量的方式进行评价，对于民族体育文化的理解、领悟和传承质量等不适合以量化方式进行评价的则采用定性评价方式进行，在两种评价方式相结合的过程中可根据不同的相关评价内容确定两种评价之间相应的合理权重，进而得出科学客观的评价结论。在评估程序方面，也要按照严格的评估程序进行，因为这也是影响评估结果科学性的一个重要方面。其次，要注重评估结果的合理使用。在对民族体育进校园政策有了科学的评估结果后，将评估结果作为绩效考核的依据，表彰先进，鞭策落后，推动相关政府部门、各级各类学校改进民族体育文化进校园活动，提高政策执行效果。

在政府方面，相关政府部门应联合进行高位推动，将政策制定、工作重心落脚于基层。采用行政干预手段推动民族传统体育文化项目和传统学校的建设，解决民族体育进校园的经费支持、师资配备、师资素质提高等问题。省民宗委和财政部门要加大相应的经费支持，解决学校在购置高跷、板鞋、珍珠球等特色传统体育项目器材上的资金难题。教育局、人力资源保障局、编制局等政府职能部门要给予配备民族文化传承教师编制等政策照顾，支持学校以内部培养和外部招聘的方式保障民族文化传承的师资，将优秀民族传统体育文化的传承人引进到基层学校，教授民族传统体育文化，并建立民族体育师资经验交流和能力培训制度，提升其素质。各相关政府职能部门及各级各类学校管理者应建立考核评优加分、树立优秀典型、评聘职称优先等多种激励机制，增强民族体育文化传承教师的获得感和认同感，激发民族体育文化传承教师的积极性。

在学校方面，贵州各级各类学校的管理者和教师是民族体育文化进校园政策执行者，他们也是影响政策效果的关键因素。第一，学校领导对于民族体育文化进校园活动的态度正确与否以及是否能制定出科学合理的实施方案，寻找到民族传统体育嵌入学校体育教育的合理路径,决定着民族体育进校园活动能否顺利开展。学校领导必须充分认识到民族体育文化教育的重要性,真正重视民族体育文化教育工作,让全校师生真正理解民族体育文化的意义和价值,并制定出科学的工作方案,不能只是为了显示政绩,一味强行推动,结果却带来师生的反感和抵触。第二,制定配套规章制度,明确规定不同年级每个学期的少数民族传统体育教学课时,以及少数民族传统体育在学校早操、大课间、课余体育活动及学校运动会中的地位、开展方式及所占比例等,认可教师在少数民族传统体育相关活动方面的工作量,保证少数民族传统体育在学校教育中的顺利深入开展。第三,应加强少数民族体育课程开发。长期以来,体育课程内容设置以西方竞技项目为主,教学模式比较僵化。应结合贵州少数民族体育的特色,对其进行甄选、改编,使优秀的民族体育文化进入当地体育教材,让优秀的传统体育文化能够在广大青少年中扎根发芽,在练习玩耍中增强体质,培养民族自豪感。特别是偏远的少数民族地区,少数民族体育项目因对场地和设施要求低,可以摆脱因体育经费和体育设施的限制而无法开展现代体育课程的困境,便于开设少数民族体育课程,可以推动少数民族体育项目的普及。第四,学校要将民族体育文化进校园活动的经费专款专用,并尽可能地从学校经费中抽出相应的经费予以支持。第五,贵州各地市州高校体育专业是培养各地区体育人才的主要基地,可以在人才培养中,加大少数民族体育文化的内容,鼓励教师进行少数民族体育校本课程的开发,培养兼具现代体育与当地民族体育知识和技能的体育人才。第六,学校招聘民族传统体育专业的毕业生和民族民间体育传承人到学校担任民族体育教育活动的师资，并保障他们的权益，创造条件保证他们能够持续开展民族体育的教育工作。[63]

4. 进一步增强少数民族传统体育政策执行效果

要增强少数民族体育政策执行效果，需要多方协同努力。首先要落实有关部门的主体责任，比如民宗委、体育、财政、文化、文物等部门，要把少数民族体育文化列入工作范畴，制定相关措施和办法落实少数民族体育文化政策；其次要针对民族体育文化发展所面临的资金、技术、文化基础设施落后等诸多问题制定专门的配套措施进行解决；三是要制定和发布少数民族文化发展指标体系，如特色村寨建设指标体系、博物馆数据化建设指标体系等；四是在少数民族体育文化保护与发展过程中，要重视发挥少数民族体育拥有者的积极性，特别是少数民族代表和民族体育传承人的重要作用。

比如，具体到少数民族体育非物质文化保护中，《非物质文化遗产法》明确了政府在其中所应承担的相关法律责任，指明了政府应充当守护者和引领者角色。而在该政策的执行中所出现一些过度商业化的异化现象，背后的原因是对少数民族体育文化自身价值认识不够全面，也是政府引领民族体育文化发展的引路人角色扮演不到位的表现。流传下来的少数民族体育文化中体现了少数民族人民的思维方式，蕴含着各民族的文化内核，承载着民族的精神追求，是民族文化的历史记忆。在对待体育非物质文化遗产上，我们应坚持保护与开发并重、保护为先，以保护促开发、以开发利保护的观念和意识，树立民族文化价值第一，经济利益第二，社会效益与经济效益相结合，突出社会效益，以社会效益带动经济发展的利益观。从少数民族体育自身价值角度出发，考虑民族体育文化的自我超越、自我生产和自我创造，使其民族文化内涵和价值更加突出。

完善少数民族体育文化普查和“非遗”申报制度，保障普查工作规范化、科学化和持续化，保证达到非遗申报条件的体育项目进入非物质文化遗产名录。少数民族体育文化的普查是全面了解和掌握少数民族体育文化资源状况的前提，亦是更好地开展“申遗”工作基础。第一是普查工作的定期化，保证普查工作定期进行；第二是普查范围明确化，保证普查范围不缩水；第三是普查数据的妥善保存，便于后期实用；第四是将普查结果反馈到相关职能部门，便于开展后续申报工作；第五是相关职能部门根据对普查结果的分析，对符合不同级别“非遗”标准的传统体育项目进行积极申报；第六是对“申遗”成功的少数民族体育项目进行合理开发，使其充分发挥出应有的价值。

5. 重视并加强少数民族传统体育训练基地的建设

要充分利用好现有少数民族体育训练基地，发挥其在民族体育的保护、传承和有效利用中的价值，就要改变其现有的存在状态，加强其管理和经费支持力度。贵州省应对目前已经建立的 49 个省级民族体育基地进行分类管理，根据其重要程度分别采用不同的管理和支持力度，特别是建设的重点基地，更要增加支持和监督管理的力度。但贵州的少数民族体育基地监督考评机制目前仍存在很多不完善的地方，在对基地进行监督管理时缺少明确的依据，难以做到有章可循，有法可依，这严重影响了监督管理的高效性。鉴于此，贵州省首先应做的是梳理基地的监督考评制度，建立起一套条理清晰、结构完备的基地监督考评制度，做好基地日常监督考评工作，将日常监督和定期考评结合起来进行监督考评。日常采用不定期或抽查的形式深入各基地检查训练的常规情况，定期的年中、年终监督考评则使用实地考评的方式，检查训练的成效等情况，在监督考评中注重对基地发展的指导，对基地发展中出现的现实瓶颈等情况予以帮助协调，督促基地有序开展好训练工作、改进训练手段、提升训练水平，保障有效完成基地训练任务。依据考评结果进行动态管理，可将少数民族体育训练基地依考评结果划分出等级，在支持政策和支持经费上按照等级体现出不同的力度。经费是基础建设的物质保证，必须加大经费支持力度，制订出省级、市州、县级文化、民族和体育部门之间的经费支持配套比重，共同出资支持基地发展。

八、结束语

我国分别于1992年、1999年、2005年、2014年和2021年共召开了五次中央民族工作会议，部署全国的民族工作。特别是在2014年和2021年的第四次和第五次民族工作会议上，习近平总书记指出，要弘扬和保护各民族传统文化，努力实现创造性转化和创新性发展，筑牢中华民族共同体意识，推进新时代党的民族工作，构筑中华民族共有精神家园。在党的十九大上，中国共产党明确强调“大力推进全民健身活动的开展，早日实现体育强国目标”。2019年，《体育强国建设纲要》颁布，确立了体育强国建设的时间表和路线图，强调体育在社会主义现代化强国建设征程中的重要价值，将“促进体育文化繁荣发展，弘扬中华体育精神”作为体育强国建设的五大战略之一。十九届五中全会上再次强调，我国要于2035年实现社会主义现代化，成为体育强国和健康中国。因此，加强体育建设关系国计民生，关乎民生福祉。在中华民族迅速崛起的大背景下，中华民族优秀传统文化有着其他文化无法比拟的突出优势，也是社会主义文化强国建设的深层次基础和文化前提。正因为如此，习近平总书记曾多次强调必须做好传承和弘扬我国优秀传统文化的工作。这些新理念，丰富了少数民族体育文化保护和发展的内涵；这些新指示，推动着少数民族体育文化保护和发展工作的创新发展，也不断丰富和完善着新中国少数民族体育文化政策。

少数民族体育文化发展的理念、概念、内容、技术、目标等，既要有全球化的视野和话语，同时也要结合当地少数民族的特点和实际，在发展中不断完善我国的少数民族体育文化政策。[64]贵州作为全国的民族文化大省，积极响应党中央和国家的号召，在“十四五”发展规划中旗帜鲜明地提出，贵州要大力弘扬新时代的贵州精神，赓续民族传统文脉，弘扬优秀传统文化，推动贵州文化繁荣发展，建设具有贵州民族特色的文化强省，为文化强国建设增添贵州力量。在2022年1月28日国务院印发的《国务院关于支持贵州在新时代西部大开发上闯新路的意见》中同样提出，要加强民族文化保护与传承，打造民族文化品牌，促进文化产业繁荣发展。因此，加强对贵州少数民族体育文化的保护和传承，既呼应了国家层面上文化强国建设的要求，又回应了贵州的以“多彩贵州”为民族特色文化的强省建设的需求，这是时代赋予我们的艰巨而又光荣的任务。在这一背景下，加强对民族体育文化发展具有导向、护航、调控和约束功能的少数民族体育文化政策的研究具有格外重要的现实意义。

基于此，本研究在简要梳理我国关于少数民族体育文化的相关政策的基础上，对贵州少数民族体育文化的相关政策的政策要素、主要特征、建设成就、历史经验和存在的主要问题进行了全面研究，分析了政策决策过程中存在的问题背后的原因；对英美等发达国家和国内的体育强省（市）体育政策发展中的经验进行了介绍和分析，揭示了其对贵州少数民族体育政策带来的启示和借鉴意义；在此基础上，分析了贵州新时代少数民族体育政策调整与完善面临的重大机遇和严峻挑战，指出了贵州少数民族体育文化政策建设的理论依据、思想借鉴、方向定位以及需要遵循的基本原则，最后提出了完善贵州少数民族体育文化政策的整体思路和具体策略。在整体思路上，从加强少数民族体育文化的调查与研究、少数民族体育文化政策体系的优化、主要包括政策决策、政策执行和政策评估等在内的政策过程的完善、破解少数民族体育文化政策运行中的困境四个方面提出解决方案。在具体问题处理策略上，主要从少数民族体育文化保护平台、注重基层少数民族体育运动会、完善少数民族体育文化进校园政策、提升少数民族体育政策执行效果和加强少数民族传统体育基地建设五个方面提出相应的具体策略。

贵州少数民族体育文化政策的未来展望：(1)坚持中国共产党的领导，遵循社会主义先进文化的发展方向，为贵州建设民族文化强省和山地民族特色体育强省服务。(2)少数民族体育文化政策体系将更加完整、合理、科学。(3)少数民族体育政策的社会参与度不断扩大，其科学化和民主化程度会越来越高。(4)少数民族体育政策的操作性逐渐增强，政策条款内容趋于精细化，政策相关部门和个人的责任和义务更加清楚明确。(5)少数民族体育政策将会得到更高效地执行，取得良好政策效果。(6)少数民族体育政策的评估将会引入第三方评估机构，评估将由非正式评估转向正式评估，评估的科学性和客观性得到不断加强。

在研究过程中，尽管笔者想尽办法克服种种困难，努力工作，相互支持，尽心尽力，力求在前人研究的基础上能够获得些许微小的进步。然而，遗憾的是，由于受到近期学院繁重的师范认证工作影响，工作过于繁忙，研究时间难以得到充分保障，研究过程中受存在调查不到位、访谈不足等诸多情况的限制，更重要的是研究者本人在少数民族体育文化研究方面学识浅陋，难免出现偏颇，甚至挂一漏万，导致研究成果难免存在许多不足和缺陷，留下的些许遗憾，有待在以后的研究中进行加强和弥补。

主要参考文献

[1]倪依克，胡小明. 论民族传统体育文化遗产保护[J]. 体育科学，2006，26(8)：66-70.

[2]刘坚. 云南省少数民族体育非物质文化遗产保护与传承研究[D]. 北京：北京体育大学，2012.

[3]刘源泉. 中国共产党少数民族文化政策研究[D]. 武汉：华中师范大学，2013：9-10.

[4]肖云慧. 贵州第七次全国人口普查主要数据新闻发布稿[EB/OL]. http://www.guizhou.gov.cn/zwgk/zfxxgk/fdzdgknr/tjxx/zxfb/202105/t20210526_68270432.html.

[5]常青. 贵州少数民族特色村寨数量位居全国第一[EB/OL]. https://www.360kuai.com/pc/92bea1d5a9fde4c00?cota=3&kuai_so=1&sign=360_57c3bbd1&refer_scene=so_1.

[6]刘吉昌，聂开吉. 贵州文化自信的内在生成逻辑[J]. 贵州师范大学学报，2020，227(6)：16-23.

[7]白晋湘. 我国民族传统体育改革发展 40 年回顾与展望[J]. 上海体育学院学报，2018，42(5)：9-14.

[8]向宇宏. 贵州世居少数民族传统体育发展战略研究[D]. 北京：北京体育大学，2018.

[9]吕华鲜，陈炜，张露露. 贵州少数民族传统体育文化调查

报告[J]. 原生态民族文化学刊,2013,5(2):141-146.

[10]吕华鲜,陈炜,张露露. 贵州少数民族传统体育文化调查报告[J]. 原生态民族文化学刊,2013,5(2):141-146.

[11]王世春,王召令. 贵州民族体育文化空间建构的路径探究[J]. 贵州民族研究,2018,397(6):104-107.

[12]夏肖林. 论民族传统体育文化对社会主义核心价值观的支撑作用[J]. 产业与科技论坛,2018,177(22):175-176.

[13]孔志芳. 弘扬民族传统体育文化视阈下中学生社会主义核心价值观教育探究[D]. 武汉:中南民族大学,2016.

[14]崔晓瑛. 中国共产党少数民族文化政策发展研究[D]. 拉萨:西藏大学,2021.

[15]中华人民共和国民族政策法规选编[M]. 北京:中国民航出版社,1997:44.

[16]金炳镐. 民族纲领政策文献选编[M]. 北京:中央民族大学出版社,2006:704.

[17]国家民族事务委员会,中共中央文献研究室. 民族工作文献选编(1990—2002)[M]. 北京:中央文献出版社,2003:33.

[18]国家民族事务委员会,中共中央文献研究室. 民族工作文献选编(2003—2009)[M]. 北京:中央文献出版社,2010:100.

[19]国家民委政策研究室. 国家民委民族政策文件选编(1979—1984)[M]. 北京:中央民族学院出版社,1988:307-308.

[20]国家民族事务委员会. 国家民委文件选编(1996—2007)[M]. 北京:民族出版社,2010:300.

[21]国家体育总局,国家民委. 关于进一步加强少数民族传

统体育工作的指导意见[EB/OL].[2018-06-18].http://www.seac.gov.cn/art,2018-01-19.

[22]陈晨.学校教育中民族文化传承与保护政策研究——以贵州“民族民间文化进校园政策”为个案[D].北京:中央民族大学,2012.

[23]贵州:从全国贫困人口最多,到脱贫人数最多[EB/OL].http://www.ddcpc.cn/2020/media_0722/4491.html.

[24]刘洪涛.新中国体育科技政策变迁的历史考察与思考[M].南昌:江西人民出版社,2017:144-145.

[25]魏淑艳.中国的精英决策模式及发展趋势[J].公共管理学报,2006,3(3):28-33.

[26]曾娟玲.贵州“民族文化进校园”政策执行效果研究——以贵州黔西南州为例[D].昆明:云南师范大学,2019.

[27]“十三五”贵州建72所民族民间文化教育学校[EB/OL].https://www.sohu.com/a/137403173_610793.

[28]张木林.非遗助力多彩贵州民族文化强省 传承演绎新时代贵州的繁荣昌盛[J].贵州社会主义学院学报,2018,4(4):61-64.

[29]张忠杰.贵州少数民族传统体育训练基地的发展对策研究[J].贵州师范学院学报,2014,30(3):35-40.

[30]蔺雪莲.贵州参加历届全国少数民族体育运动会赛事回顾[J].牡丹江师范学院学报(自然科学版),2013,85(4):44-46.

[31]王鼎,廖萍.山地民族传统体育的传播经验——贵州格

凸攀崖技艺个案分析[J]. 武汉体育学院学报,2015,49(4):56-60.

[32]崔晓琰. 中国共产党少数民族文化政策发展研究[D]. 拉萨:西藏大学,2021.

[33]冯霞. 城镇化背景下黔东苗族传统武术文化变迁与发展研究[D]. 广州:广州体育学院,2019.

[34]崔晓琰. 中国共产党少数民族文化政策发展研究[D]. 拉萨:西藏大学,2021.

[35]詹森鑫. 新中国少数民族文化政策及其实践[D]. 广州:广东技术师范学院,2016.

[36]刘红建. 社会参与大众体育政策过程的国外经验与本土探索[J]. 沈阳体育学院学报,2015,34(6):7-12.

[37]詹森鑫. 新中国少数民族文化政策及其实践[D]. 广州:广东技术师范学院,2016.

[38]王蓉. 完善贵州少数民族体育工作政策之思考[J]. 贵阳学院学报(社会科学版),2021,16(5):78-81.

[39]詹森鑫. 新中国少数民族文化政策及其实践[D]. 广州:广东技术师范学院,2016.

[40]崔晓琰. 中国共产党少数民族文化政策发展研究[D]. 拉萨:西藏大学,2021.

[41]卿春林. 贵州民族传统体育发展对策探析[N]. 中国民族报,2019年/2月/19日/第011版.

[42]闫艺. "非遗"视域下新疆世居少数民族体育文化保护与传承研究[J]. 吉林体育学院学报,2017,33(1):98-103.

[43]张磊."放管服"视角下重庆市体育公共服务政策创新研究[D].重庆:中共重庆市委党校,2021.

[44]刘红建,尤传豹.新世纪英国青少年体育政策的演进脉络、有益经验与本土启示[J].南京体育学院学报,2017,31(4):5-13.

[45]刘红建.发达国家大众体育政策执行的成功经验与启示[J].体育成人教育学刊,2014,30(2):5-8.

[46]刘红建.发达国家大众体育政策执行的成功经验与启示[J].体育成人教育学刊,2014,30(2):5-8.

[47]岳建军.美国《国民体力活动计划》研究及启示[J].中国体育科技,2015,51(2):126-134.

[48]刘红建,谢正阳,高奎亭.大众体育政策"第三方评估"的国外经验与本土发展[J].武汉体育学院学报,2016,50(7):39-45.

[49]刘红建.发达国家大众体育政策执行的成功经验与启示[J].体育成人教育学刊,2014,30(2):5-8.

[50]谌贻琴.高举伟大旗帜 牢记领袖嘱托 坚持以高质量发展统揽全局 奋力谱写多彩贵州现代化建设新篇章——在中国共产党贵州第十三次代表大会上的报告[BE/OL]https://www.guizhou.gov.cn/home/tt/202205/t20220505_73700245.html.

[51]高奎亭,陈家起,李乐虎,等.我国体育公共服务政策供给的经验、困境与改革策略[J].体育文化导刊,2020(8):27-33.

[52]崔晓琰.中国共产党少数民族文化政策发展研究[D].拉萨:西藏大学,2021.

[53]史海燕.路径与策略:新时代贵州精神与贵州文化自信转化研究[J].贵州社会主义学院学报,2019,3:48-53.

[54]邓传波,许贵泉,邓坤坤.贵州少数民族传统体育文化的传承与发展研究[J]. 运动精品,2021,40(10):69-70+72.

[55]高奎亭,陈家起,李乐虎,等.我国体育公共服务政策供给的经验、困境与改革策略[J].体育文化导刊,2020(8):27-33.

[56]高奎亭,陈家起,李乐虎,等.我国体育公共服务政策供给的经验、困境与改革策略[J].体育文化导刊,2020(8):27-33.

[57]詹森鑫.新中国少数民族体育文化政策及其实践[D].广州:广东技术师范学院,2016.

[58]张耕.创新驱动发展战略视角下贵州民族文化产业发展研究[J].2017,38(11):173-176.

[59]卿春林.贵州民族传统体育发展对策探析[N].中国民族报,2019 年/2 月/19 日/第 011 版.

[60]360 百科.国家级文化生态保护区 https://baike.so.com/doc/2151108-2275974.html.

[61]王蓉.完善贵州少数民族体育工作政策之思考[J].贵阳学院学报(社会科学版),2021,16(5):78-81.

[62]饶平.中国民族传统体育文化生态研究[D].长沙:湖南师范大学,2015.

[63]曾娟玲.贵州"民族文化进校园"政策执行效果研究——以贵州黔西南州为例[D].昆明:云南师范大学,2019.

[64]詹森鑫.新中国少数民族体育文化政策及其实践[D].广州:广东技术师范学院,2016.

致 谢

经过一年多的努力，拙作终于可以得以付梓成书。在研究过程中，本人得到了多方的鼎力相助，可以说这一拙作凝聚了许多人的心血和智慧，承载着深厚的师恩、亲情和友谊。谨将拙作献给铜仁学院研究生院和大健康学院，其出版离不开铜仁学院2021年硕士点建设及学科建设研究项目的经费支持，也离不开大健康学院在项目研究中提供的良好研究与写作环境，在此祝愿铜仁学院越办越好，预祝大健康学院申办硕士点马到成功！特别感谢余静院长在工作、学习和生活中对我的理解、包容和支持。同时向给予我关心、帮助和支持的领导、师长、朋友和同事表达深深的谢意，祝福各位身体健康，生活美满！拙作成稿，得益于许多本研究领域专家学者的前期研究成果，没有这些研究基础，无以成文。在此，谨表示真挚敬意和感谢！感谢我的学生杨露和彭景等同学在文字校对中所付出的辛苦。感谢湘潭大学出版社的同志们为本书的出版所付出的辛勤劳动。感谢我的家人在工作上对我的一贯支持和帮助。